# 生きる勇気

## なにが人生を決めるのか

The Science of Living

アルフレッド・アドラー
Alfred Adler

坂東智子 訳

興陽館

# 生きる勇気

## なにが人生を決めるのか

アルフレッド・アドラー

坂東智子 訳

The Science of Living

Alfred Adler

成功するかどうかは
「勇気」があるかどうかで決まります。

生きる勇気　目次

## 第11章　恋愛と結婚で大切なこと　238



## 第12章　子どもの性とどう向き合うのか　258

※〔　〕は訳者による注を示す。

# 生きる勇気

なにが人生を決めるのか

# 第1章　何が人の「生き方」を決めるのか

## 「個人心理学」とは何か

「ほんとうは、人生に直接かかわる科学だけが『科学』なのだ」と、偉大な哲学者ウィリアム・ジェームズ〔1842〜1910年。米国の哲学者、心理学者。心理学の父〕が言っています。そして、人生に直接かかわる科学では、理論と実践がほとんど切り離せなくなっていると言っていいでしょう。

人生にかかわる科学は、人生の流れをそのままモデルにして構築されているので、「生き方の科学」でもあります。これらの考え方は、「個人心理学（アドラー心理学）」にも確実に当てはまります。個人心理学では、個人の人生を「全体」としてとらえ、一つ一つの行動や反応、欲求に、その人の人生に対する考え方が表れると考えます。わたしたちは知識の助けを借りて、自分の考え方を修正したり変更したりできますから、個人心理学では、実用性を重視しています。

また個人心理学は、二重の意味で予言的と言えるでしょう。何しろ個人心理学では、個人の将来に何が起こるかを予測するばかりか、預言者ヨナ〔旧約聖書に登場するユダヤ人の預言者〕のように、将来何かが起こらないようにするために、それが起こるだろうと予測するのですから。

個人心理学は、人が持つ「不可思議で創造的な力」を理解しようという取り組みから発展しました。その力は、成長したいとか、がんばりたい、成功したいといった欲求や、ある方向（目標）での失敗を、別の方向（目標）での成功を目指してがんばることで埋め合わせたいという欲求に表れます。この力は観念的なもので、目標を目指してがんばるといった形で表れ、そうやってがんばっているときには、身体と精神のすべての活動が連動して働くようになっています。ですから、個人を全体としてとらえずに、身体的活動と精神状態を漠然と研究するのはばかげたことです。

たとえば犯罪心理学者が、「犯罪者」よりも「犯罪行為」のほうに多大な注意を払ったとしたらばかげています。重要なのは犯罪者であって、犯罪行為ではありませんし、心理学者が犯罪行為についてどれほど考えても、その行為をその人の人生の一コマとみなさない限り、その行為の意味を理解することはできません。表面的には同じ行為でも、状況によって、犯罪になるケースもあれば、ならないケースもあります。大事なのは、犯罪者の個人的な事情を理解すること、つまり、その人のすべての行為や活動の方向を決定づけている「人生の目標」を知ることです。その目標がわかれば、関連のないさまざまな行為――個人心理学では、そうした行為を「全体」の中の「部分」と考えます――の裏にある隠れた意味を理解できるのです。逆に、「部分」について研究する場合も、その部分が「全体」の一部であることを念頭に置けば、「全体」が見えてくるようになるものです。

わたしの場合は、医療に従事するうちに心理学への興味が深まりました。医療を行うことで、心理学的事実を把握するのに必要な、目的論的な視点を持つことができたのです（「目的論」は、すべてのものに「目的」があり、その目的に向かって進むという考え方。アドラーは「人間の行動にはすべて目的がある」と考えた。今では、この考え方（目的論）は「個人心理学（アドラー心理学）」の柱の一つとされている）。医学では、身体のすべての器官が明確な目標（目的）に向かって発達すると考えます。そしてその目標には、十分に発達したときにはこうなるという明確な「形」があります。

また人の身体は、器官に欠陥があったら、その欠陥を克服すること、あるいは欠陥のある器官の機能を肩代わりさせるべく、別の器官を発達させることに、とくに力を入れるようにできています。「生命」はつねに存続しようとしますし、「生命の力」が、外的な障害に闘わずして屈することは絶対にありません。

精神の働きも、器官に欠陥があるときの身体の働きに似ています。人は、今の状態を抜け出すために、目標や理想を頭に描き、今の欠陥や問題を克服するために、将来に向けた具体的な目標を決めます。具体的な「目標」があれば、将来の成功を頭に描けるので、今の苦しい状態を乗り越えられると考えることができます。「目標」を目指していないなら、一つ一つの行動は意味のないものになるでしょう。

いくつもの事例から判断すると、人は幼少のころから、そうした「目標」を決め、具体的な「形」にしていることは間違いないようです。子ども時代に、大人になったときのパーソナリティーの「原型（プロトタイプ）」、あるいはひな型のようなものが作られます。それは、次のようなプロセスで作られると考えられます。子どもは弱い存在ですから、劣等感を抱き、今の状況に耐えられないと感じます。そこで、子どもは成長しようと努力します。自分で「目標」を決めて、そこに向かう方向線に沿って成長しようとがんばるのです。

この段階では、成長するための「手段」は、方向線を決定づける「目標」に比べれば重要ではありません。そうした「目標」がどのように決まるかはわかりませんが、「目標」が存在することと、その「目標」によって、子どもの行動が決まることは明らかです。

実際のところは、成長の初期にある子どもが、どんな力や欲求を持ち、どれほどの理性があり、何ができて何ができないかは、ほとんどわかっていません。また今のところ、子どもの人生の方向性を知る秘訣のようなものもありません。方向性は、子どもが「目標」を決めたときに、初めて定まります。そしてその方向性がわかったときに、わたしたちは初めて、その子どもが将来どんな行動をとるかを推測できるのです。

子どもは、パーソナリティーの「原型」――これに、子どもの目標が反映されています――が作られると、方向線が定まり、明確に方向づけられることになります。だからこそ、わたしたちは子どものものちの人生に起こることを予測できるのです。方向線が定まってからは、その子どもの「統覚〔独自のものの見方〕」は、方向線によって築かれた「型」にはまったものになります。

子どもは、自分が置かれた状況をありのままに受けとめるわけではなく、自分の「統覚の枠組み（ものごとを判断する枠組み）」の中で受けとめます。つまり、子どもの関心や興味が生み出す「バイアス」がかかった状態で、状況を認識するということです（「統覚」（apperception）は、哲学・心理学用語で、「個々の知覚を統合する精神機能」などと紹介されている。「統覚の枠組み」については「統覚スキーマ」という訳語もよく使われている）。

## 身体に欠陥のある子どもの能力

こうしたことに関連する興味深い事実が判明しました。それは、欠陥のある器官を持つ子どもは、すべての体験を、欠陥のある器官の機能と結びつけるということです。たとえば、胃腸が弱い子どもは、食べることに異常なまでの関心を示します。視力に問題のある子どもは、目に見えないものより見えるものに夢中になります。

そうした関心事は、その子どもの「統覚の枠組み」に沿ったものになり、人を特徴づけているのもその「統覚の枠組み」なのです。そんなわけで、子どものどの器官に欠陥があるかがわかれば、その子どもがどんなものに関心を持っているかがわかると言われています。

ですが、ものごとはそれほど単純ではありません。子どもは、自分の「器官が人より劣っている（器官劣等性）」という事実を、わたしたちが外側から眺めるようには感じていません。子どもの「統覚の枠組み」を通じて修正された事実を感じているのです。ですから、器官が人より劣っているという事実が、子どもの「統覚の枠組み」の一つの構成要素になっていたとしても、劣っている器官をわたしたちが外側から観察したのでは、「統覚の枠組み」を知る手掛かりが得られるとは限りません。

子どもは、相対的な世界で生きています。その点では、子どもはわたしたち大人と変わりありません。わたしたちは絶対的な真実については、知識を持ち合わせていません。科学的知識でさえ、絶対的に正しいわけではありません。わたしたちの科学的知識は、「合意」にもとづいているので、つねに変化しますし、わたしたちは大きな間違いを小さな間違いに徐々に置き換えることで満足しています。わたしたちはみんな間違いを犯しますが、大事なのは、間違いは修正できるということです。

そうした修正は、「原型」を作り上げている時期のほうが、簡単に行えます。その時期に修正しなかった場合は、後年、その時期の全体的な状況を思い出すことで修正できることもあります。

個人心理学を学んだカウンセラーが神経症のクライエントに対処する場合は、「原型」を作り上げた時期以降の間違いではなく、幼少期の根本的な間違いを見つけようとしますが、それは容易ではありません。ですが、見つけることができたら、適切な治療によって修正することができます。

個人心理学の観点からは、「遺伝」の問題はたいして重要ではありません。大事なのは、何が遺伝したかではなく、遺伝したものに、幼少期にどう対処するかということ、つまり、子ども時代の環境のなかで、どんな「原型」を作り上げるかということです。

生まれつき器官に欠陥があるのは遺伝の問題ですが、わたしたちにとっては、欠陥を持つ子どもの苦労を和らげ、その子どもを好ましい環境に置くことが当面の問題となります。実は、その点でも個人心理学を学んだ人は非常に有利です。何しろ、子どもの欠陥がわかれば、どう対処したらいいかがわかるのですから。遺伝的な欠陥のない健康な子どもが、栄養不良をはじめ、成長期のさまざまな問題のせいで、欠陥を持つ子どもより悪い事態に陥ることもよくあります。

生まれつき器官に欠陥のある子どもについては、精神状態を重視する必要があります。そういう子どもたちは、より困難な状況に置かれているので、過度の劣等感を抱いている兆候をはっきりと示します。彼らは、「原型」を作るころにはすでに他人よりも自分に興味を持ち、後年もそれが続く傾向があります。

「原型」に、他人よりも自分に興味を持つという誤りが生まれるのは、器官が人より劣っていることだけが原因ではありません。子どもが甘やかされていたり、嫌われている場合も、同じことが起こります。

そうしたケースについてはのちのページで詳しく説明し、とくに好ましくない三つのケース――器官に欠陥がある子ども、甘やかされた子ども、嫌われた子ども――の事例を紹介するつもりです。今のところは、そうした子どもたちが不利な状況で成長することと、彼らは主体性を身につけられない環境で成長したせいで、攻撃されるのをつねに恐れていることを指摘するにとどめておきましょう。

## 勇気があれば恐れない

「生き方の科学」（個人心理学）を通じて、人を教育したり、治療したり、ケアしたりするには、まずは、その人にどのくらい「共同体感覚（social interest）」（自分のことだけではなく、まわりの人たちにも関心があること」があるかを理解しておく必要があります。なぜなら、それが、教育や治療、ケアで最も大事なパーツになるからです。勇気があり、自分に自信があり、集団のなかでリラックスできる人たちだけが、人生の困難なこととよいことの両方から恩恵を受けることができます。そういう人たちは決して恐れません。困難なことにぶつかるのはわかっていますが、それを乗り越えられると思っています。そして人生のあらゆる問題――人生の問題はすべて「人づき合い（対人関係）」の問題です――に対応する準備ができています。人間は、人とのつき合い方を心得ておく必要があるのです。

ところが、先に挙げた三つのタイプの子どもたちは、「共同体感覚」が乏しい「原型」を作ります。彼らは、人生で必要なことをやり遂げたり、人生の困難なことを解決したりするための準備ができていません。そうした子どもたちは挫折感を味わいます。

彼らが作る「原型」は、人生の問題に対して間違った考え方をし、生きるのに役立たない道でパーソナリティーを形成する傾向があります。個人心理学を学んだカウンセラーにとっては、彼らが生きるのに役立つ道で行動できるようにすることと、人生や社会（まわりの人々）に役立つ考え方ができるようにすることが、仕事となります。

「共同体感覚」を持たないことは、生きるのに役立たない道を目指すことと同じようなものです。「共同体感覚」がないなら、問題児や犯罪者、精神を病んだ人々、大酒飲みのグループに仲間入りするでしょう。

個人心理学のカウンセラーにとっては、彼らが生きるのに役立つ道に戻れるようにする方法や、彼らにまわりの人たちへの興味を持たせる方法を見つけることが課題となります。そんなわけで、「個人心理学」と呼ばれている心理学は、実は「社会心理学（共同体心理学）」なのです。

さて、どのくらい「共同体感覚」があるかがわかったら、次の仕事は、その人の成長を妨げている「問題」を見つけ出すことです。この仕事は一見、一段とむずかしいように思えますが、実際にはそうでもありません。たとえば、甘やかされている子どもは、嫌われることがわかっています。

現代社会においては、子どもをいつまでも甘やかし続けることは、社会も家庭も望んでいません。甘やかされている子どもは、じきに人生の問題にぶつかることになります。そういう子どもが小学校に入ったら、新しい社会集団のなかで、人づき合いの問題を抱えることになります。甘やかされている子どもは、クラスメイトといっしょに字を書いたり遊んだりしたいとは思いません。それは、それまでの体験が、学校での共同生活の準備をするようなものではなかったからです。

実際、甘やかされた子どもは、「原型」を作った時期の（甘やかされた）経験のせいで、共同生活を送るような状況を恐れ、甘やかしてもらえる状況を探し求めます。この場合、その子どもの「特徴」は遺伝したものではありません。それは確かです。というのも、その子どもの「原型」と「目標」がわかれば、その子どもの特徴を推し量ることができるからです。子どもは、目標の方向に向かうのを助けるような「特徴」を備えているので、別の方向に向かうことはできないのです。

さて、「生き方の科学」を通じて教育、治療、ケアを行うための次のステップは、その人の「感情」を調べることです。「目標」によって決まる方向線は、人の特徴や立ち振る舞い、表情、外面的な症状に影響を及ぼすばかりか、「感情」にも影響します。驚くべきことですが、人はつねに、自分の考え方を「感情」によって正当化しようとします。

たとえば、だれかが「いい仕事がしたい」と考え、その考えが強まったら、その考えが、その人の「感情」（内面）を決定づけます。人の感情は、自分の役割（タスク）に対する考え方に沿ったものになると考えていいでしょう。わたしたちは、いつも「感情」を持たずに行動していると思っていますが、行動に感情はつきものなのです。

それが事実であることを、「夢」が明確に示しています。「夢」の目的についての発見はおそらく、個人心理学の最新の成果と言えるでしょう。どの夢にも目的があるのです。ですが、そのことについては、最近まではっきりとはわかっていませんでした。

夢の目的は——具体的に示されるわけではありませんが、一般的には——何らかの「感情の動き」を生み出すことです。そして今度は、その感情の動きが、夢の動きを促進するのです。このことは、「夢はつねに偽《いつわ》りである」という昔ながらの考え方の興味深い例証になるでしょう。

わたしたちは、自分がこうしたいと思うことを夢に見ます。夢は、起きているときにやろうと考えていること、計画していることの、「感情」を込めたリハーサルなのです。ですが、そのリハーサルでは、実際のできごとが演じられるわけではありません。その意味では、「夢は偽り」であり、わたしたちは感情を込めて想像することで、行動せずに、行動するときのワクワク感を味わうことができるのです。

こうした夢の特徴は、起きているときにも見られます。わたしたちは、自分の感情を偽ろうとする傾向が強く、4、5歳のときに作った「原型」の通りに行動しようといつも自分に言い聞かせようとします。

「感情」について調べたら、次はその人の「原型」を分析しましょう。すでにお伝えした通り、「原型」は4、5歳のときには出来上がっています。そこで、その時期、あるいはそれ以前に、心にどんな「印象」が刻まれたかを解明する必要があります。そうした印象はきわめて多岐にわたることもあり、大人の視点から想像するよりはるかに多様です。

子どもの心に最もよく刻まれるものの一つは、父親か母親から行きすぎた罰、あるいは虐待を受けたことによる「抑圧感」です。抑圧感を覚えると、子どもは必死になって解放されようとし、ときには、抑圧感の影響が、「心理的な排除」という考え方に表れることもあります。たとえば、とても短気な父親を持つ少女のなかには、男性を排除する「原型」を持っている子どももいます。その「原型」は「男は短気だ」と思っているのです。

また、厳しい母親に抑圧されている少年が、女性を排除することもあります。もちろん、「排除」の考え方はさまざまな形で表れます。「人見知り」という形で表れることもあれば、「性的倒錯」（性欲が質的に異常な状態。露出、のぞき見、フェティシズム、小児性愛、性的マゾヒズム、性的サディズムなどの形がある）という形で表れることもあります（「性的倒錯」は、女性排除のもう一つの形にほかなりません）。「性的倒錯」も遺伝したものではなく、幼少期の環境によって生まれるものです。

幼少期の子どもが受けた悪影響は、大きな代償を伴います。それにもかかわらず、その子どもがアドバイスをもらえることはほとんどありません。親たちは、自分の行動の結果に気づかないでしょうし、気づいたとしても、自分の過失を認めることはないでしょう。ですから、子どもは自分の方向線に沿って進むしかありません。

不思議なことに、同じ両親のもとに生まれた二人の子どもでさえ、同じ状況で成長することはありません。同じ家庭にいる兄弟であっても、彼らを取り囲む空気がまったく違うのです。ご存じの通り、最初の子どもは、ほかの子どもたちと異なる環境にあります。初めは一人っ子ですから、「注目の的」になります。ところが二人目の子どもが生まれると、いつの間にかそちらの子どもにその座を奪われます。

そうした状況の変化が、一人目の子どもには面白くありません。実際、かつては権力の座にあったのにそのあとそれを失うというのは、一人目の子どもにとってはかなりの悲劇です。そのときの失望感が「原型」作りに影響し、大人になったときの「特徴」にも影響します。現に、いくつかの事例から、そうした子どもはつねに気分が落ち込んでいることがわかっています。

同じ家庭にいながら異なる環境に置かれるもう一つの例は、男の子と女の子で扱いが異なるケースです。よくあるのは、男の子は過大評価され、女の子は、まるで何も達成できない人間のように扱われることです。そういう女の子は、いつも行動をためらったり、ものごとを疑ってかかったりしながら成長することになります。そして「何かを達成できるのは、ほんとうは男だけなのだ」と思い込んだまま、生涯にわたって、過度にためらうことになるでしょう。

二人目の子どもにも独自の特徴があります。二人目の子どもは、一人目の子どもとは立場がまったく異なり、上の子という、自分と肩を並べて行動する「ペースメーカー」のような存在が、つねにそばにいます。たいていは、そのペースメーカーに勝つのですが、なぜ勝てるかと言うと、上の子が、下の子というライバルがいることにいら立ち、そのいら立ちが原因で、しまいには家庭内での立場が悪くなるからだと思います。

上の子はライバルを怖がるようになり、いい結果が出せなくなります。両親からの評価もどんどん下がり、二人目の子どもが両親からほめられるようになります。

二人目の子どもはつねにペースメーカーと向き合い、つねに競争しています。彼の「特徴」は、家庭でのそうした特殊な立場を反映したものになり、反抗心を見せ、権力や権威を認めないようになります。

歴史や伝説が、たくさんのパワフルな「末っ子」の物語を伝えています。「ヨセフ」〔旧約聖書に登場する、イスラエル人を大飢饉から救った人物。ユダヤ人の祖であるヤコブの子どもで、10人の異母兄がいる〕がいい例でしょう。彼は兄たち全員に勝とうとします。彼には、会ったことのない弟もいました。彼が家を出てから数年後に生まれたのです。ですが、弟ができても、彼の立場は変わりません。あいかわらず末っ子の立場でした。

同じように、末っ子が主役を演じる物語は、童話のなかにもたくさんあります。そうした末っ子の「特徴」は、実際には幼少のころに作られ、その後も、洞察力が高まるまでは変わることがありません。読者のみなさんが子どもの悪いところを直したいと思うなら、ごく幼いときに何が起きたかをその子どもに理解させなければなりません。その子どもに、自分の「原型」が人生のあらゆる場面に悪い影響を与えていることを理解させる必要があるのです。

だれかの「原型」を見極め、その人の本質を理解するには、その人の「古い記憶」を調べるのが有効です。わたしの知識や観察結果から判断すると、人の記憶は「原型」の所有物であると結論づけざるをえません。この説をわかりやすく説明するために、いくつか例を挙げてみましょう。

一つ目のタイプである「器官に欠陥のある子ども」、たとえば、胃腸の弱い子どもがいたとしましょう。その子どもが何かを見たことや何かを聞いたことを記憶しているとしたら、たぶんその「何か」は、「食べもの」に何かしら関係があるものです。同様に、左利きの子どもがいたら、左利きであることがその子どものものの見方に影響を及ぼしています。あるいは、少年がみなさんに、自分を甘やかした母親の話や、弟が生まれた話をすることもあるでしょう。その少年の父親が短気だったら、叩かれた話をするでしょうし、学校で嫌われていたら、いじめられた話をするでしょう。わたしたちがそうした話の意味を読み解く技術を身につけたら、そうした話はどれも貴重なものになるはずです。

わたしたちが子どもの「古い記憶」を読み解くには、高い共感能力、つまり、その子どもと、子ども時代の自分を重ね合わせる能力が必要です。わたしたちにそうした共感の能力があって初めて、弟が生まれたことが子どもの人生にどんな意味を持つのか、短気な父親に虐待されたことが子どもの心にどんな思い込みを植えつけたのかを理解できるのです。

ちょっと話がそれますが、子どもを罰したり、叱ったり、説教したりしても何の解決にもならないことは、どんなに強調しても強調しすぎることはありません。そんなことをしても、どこを改善する必要があるかを、子どもと大人の両方がわかっていない限り、何の効果もないのです。子どもがわかっていないなら、その子どもはさらに隠しごとをし、さらに臆病になるでしょう。

罰したり、説教したりしたところで、その子どもの「原型」は変わりません。「原型」は、ただ人生経験を積んだだけでは変わらないのです。というのも、すでに人生経験は、その子ども独自の「統覚の枠組み」に沿ったものになっているからです。

子どもの問題の改善は、わたしたちがその子どもの基本的なパーソナリティーを突き止めたときに初めて可能になるのです。

わたしたちが、問題のある子どもがいる家族を観察したら、きっと、家族のみんなが頭がいい（質問されたら正しく答えられるという意味です）ように見えるでしょう。ですが、彼らの様子や表情を見れば、大きな劣等感を抱えていることがわかるはずです。もちろん、頭がいいからといって「共通感覚《コモンセンス》」を備えているとは限りません。問題のある子どもは、神経症の人々に見られるような、完全に個人的な（あるいは「自分だけの」と言ってもいいでしょう）考え方をします。

たとえば強迫神経症の患者は、年じゅう窓の数を数えるのは無益なことだとわかっているのですが、それをやめることができません。有意義なことに興味がある人は、そんなふうにはなりません。

自分だけの理解のしかたや言葉の使い方をすることも、精神を病んだ人の特徴です。共通感覚《コモンセンス》にもとづく言葉の使い方ができることは、「共同体感覚」を十分に備えていることを示しますが、精神を病んだ人にはそれができません〔「コモンセンス」という言葉は、「常識」の意味で使われることもが多いが、アドラーは「コモンセンス」を「共通感覚」の意味で使っている。「私的感覚」の対になる言葉〕。

「共通感覚《コモンセンス》にもとづく判断」と「自分だけの判断」を比べてみると、たいていは「共通感覚《コモンセンス》にもとづく判断」のほうが正しいことがわかります。わたしたちは共通感覚《コモンセンス》にもとづいて善と悪を区別します。むずかしい場面ではよく判断を誤りますが、共通感覚《コモンセンス》が働いて、誤りが修正されることがよくあります。

ところが、いつも個人的な関心事に目を向けている人は、善と悪を、ほかの人たちほど容易に見分けることができません。実際、それができないことを自ら露呈しています。なぜなら、そういう人の行動を見れば、その人が善悪の区別がつかないことが、傍からでもわかるからです。

では一例として、犯罪を働くことについて考えてみましょう。わたしが一人の犯罪者の知力や理解のしかた、動機について調べると、その犯罪者がいつも自分の犯罪行為を、賢く英雄的な行為だと考えていることに気づくことがあります。そういう犯罪者は「人よりも優れる（優越）」――つまり、警察よりも利口になったり、まわりの人たちに勝ったりすることができる――という目標を達成したと思い込んでいます。ですから彼は、自分の頭のなかでは「英雄」であり、自分の行為が英雄とはまったく異なるもの、英雄からはほど遠いものを示していることに気づいていません。彼は、共同体感覚がないせいで、「勇気のない臆病者」になっているのです。

彼が「生きるのに役立たない道」に入ったのも共同体感覚がないせいです。でも彼は、そうしたことに気づいていません。「生きるのに役立たない道」に入った人は、たいてい暗闇や孤立を恐れ、だれかといっしょにいたいと思っています。それは臆病なことですから、そういう人は「臆病者」と呼んでいいでしょう。結局のところ、犯罪をなくすには、「犯罪を働くのは、『わたしは臆病者です』と公言するようなものだ」ということを、人々に周知させるのが一番いいのではないでしょうか。

よく知られていることですが、犯罪者の中には、30歳になるころには足を洗い、職に就いて結婚をし、善良な市民としてその後の人生を送る人もいます。それはどういうわけでしょうか？

では一人の強盗について考えてみましょう。その強盗が30歳だとしたら、20歳の強盗と張り合うことなどできるでしょうか。若い強盗のほうが頭が働きますし、体力があります。それに、30歳にもなると、それまでと同じ暮らし方をするわけにはいきません。結果的に、強盗の仕事はもはや割に合わなくなり、彼は引退するのが好都合だと思うのです。

犯罪者について、もう一つ思いついたことがあるのでお伝えしておきましょう。犯罪者に対する刑罰を重くしても、犯罪者を怖がらせるどころか、「自分は英雄だ」という思い込みを助長するだけです。

わたしたちは、犯罪者が自分を中心とした世界で生きていることを忘れてはなりません。そうした世界では、真の勇気や自信、共通感覚《コモンセンス》を備えることはできませんし、共通の価値観を理解することもできません。そういう人は、何かの団体や同好会などに入ることもできません。神経症の人が同好会を始めることはめったにありませんし、広場恐怖症の人や精神を病んだ人がそれをするのは無理でしょう〔広場恐怖症は不安障害の一種で、外出すると、ほぼ毎回恐怖や不安が生まれるため、広い場所や狭い空間、公共交通機関などを避けるという症状。広い場所や狭い空間にいるときはもちろん、そこにいることを想像しただけで恐怖や不安が起こることもある〕。

問題児や自殺を図る人は、友だちを作りません。なぜ作らないかはわかっていませんが、彼らがそうなったことには原因があります。幼少期に、人生の方向性を「自分中心の人生」へと向けてしまったからです。彼らの「原型」が、間違った目標を目指し、「生きるのに役立たない道」を歩んでいたのです。

## 神経症の人々を救うには

さて次は、神経症の人々――神経症の子ども、犯罪者、酒を飲むことで「生きるのに役立つ道」から逃げようとしている大酒飲みなど――の教育やトレーニングのために、個人心理学が用意できるプログラムについて考えてみましょう。

個人心理学の手法では、神経症のクライエントのどこが間違っているかを手っ取り早く把握するために、まずは、問題が起こるようになったのは「いつ」だったかをたずねます。クライエントはよく、問題が起こったことを「新しい環境（初めての状況）」のせいにします。でもそれは間違いです。

新しい環境に入ったときに問題が起こるのは、環境が変わる前に、新しい環境への準備を十分にしていなかったからです。好ましい環境にいるうちは、「原型」の誤りが見えてきません。ですから、新しい環境の一つ一つが、その人がその環境にどんな反応を示すかを調べるテストの場のようなもので、その反応は、その人の「統覚の枠組み」に沿ったものになります（「統覚の枠組み」は「原型」によって作られます）。その反応はたんなるリアクションではなく、創造的で、その人の人生全体を支配している「目標」と合致したものになります。

わたしは、個人心理学の研究を始めたばかりのころから、経験を通じて、「遺伝」や、つながりのない「単発的なできごと（部分）」は、神経症の原因として重視すべきではないと気づいていました。わたしは、人は「原型」によって作られた「統覚の枠組み」に沿って、環境に反応すると考えています。そして、神経症を治すには、その「統覚の枠組み」に働きかける必要があるのです。

この章では、個人心理学の手法の概要をお伝えしました。個人心理学はここ25年ほどのあいだに発展を遂げました。ご存じの通り、新しい方向に向かって、長い道のりを歩んだのです。世の中には、さまざまな心理学や精神医学が存在します。研究者によって進む方向はまちまちで、どの研究者も、自分以外の研究者が正しいとは思っていません。どの心理学が正しいかについては、読者のみなさんも、思い込むのはやめたほうがいいでしょう。いろいろ比べてみればいいのです。そうすれば、個人心理学の研究者は、いわゆる「本能の心理学」（アメリカでは、ウィリアム・マクドゥーガル（1871〜1938年。イギリス生まれの心理学者）が、この心理学の提唱者として最もよく知られていますに賛同できないことに気づくでしょう。賛同できないのは、彼らの言う「本能」が、遺伝的要因にウエイトを置きすぎたものだからです。

同様に、個人心理学の研究者は「行動主義心理学」の「条件づけ」や「（刺激と）反応」の考え方にも賛同できません（「行動主義心理学」はアメリカの心理学者ジョン・ワトソン（1878〜1958年）が創始した心理学。「行動主義」とは、人の精神状態に頼らなくても、科学的に「行動」を研究できるという主張。行動は、遺伝と環境の組み合わせによって決定されると想定している）。

人の「本能」や「反応」がその人のどんな「目標」に根差したものかを理解しない限り、「本能」や「反応」からその人の運命や性格を判断するのは意味がありません。どちらの心理学も、「目標」をベースにして考えてはいないのです。

読者のみなさんは、「目標」という言葉を見ると、何か抽象的なものを思い浮かべるかもしれません。ですが、目標は具体化する必要があります。結局のところ、目標を持つというのは「神のようになりたい」と望むことです。ただし、「神のようになること」は、言ってみれば「究極の目標」、つまり、目標のなかで最高の目標です。学校の先生たちは、子どもたちに「神のようになれ」と教えたり、自分にそう言い聞かせたりすることには慎重になるべきです。

実際には、成長期の子どもは、その目標の代わりに、もっと具体的で手っ取り早い目標を用意することがわかっています。子どもは自分のまわりで「一番強い人」を見つけ出し、その人をお手本や目標にするのです。

「一番強い人」が父親であることもあれば、母親であることもあります。男の子でも、母親が一番強いように見えたら、母親をお手本にします。子どもがもっと大きくなって、たとえば「(馬車の) 御者」が一番強いと思うようになったら、「御者になること」を目指すようになります〔**子どもが「御者が一番強い」と思うのは、「御者」が馬たちや馬車を支配しているからだと考えられる**〕。

そうした目標を思いつくと、子どもは御者のような気分になり、御者のような格好をし、その目標に合致したさまざまな特徴を備えるようになります。ですが、「警官」に助けてもらったら、御者は魅力的ではなくなるでしょう。その後、理想は「医師になること」や「教師になること」に変わるかもしれません。教師になりたいと思うのは、教師は子どもを罰することができるので、「強い人」として尊敬されているからです。

子どもは目標を決めるときに、具体的なシンボルを選ぶことがあります。わたしは、子どもが決めた「目標」が、その子どもの「共同体感覚」を示す指標になることに気づきました。

たとえば、わたしがある少年に、「大きくなったら何になりたい？」とたずねたら、「死刑執行人」という答えが返ってきたことがありました。この答えは「共同体感覚」がないことを示しています。その少年は、生死の支配者――それは神の役割です――になりたいと思ったのです。彼はまわりの人たちよりも強くなりたいと思ったために、人々の役に立たない生き方を目指すことになりました。医師になりたいという目標も、生死の支配者になりたい、神のようになりたいという願望から生まれるものですが、こちらの目標は、社会への貢献を通じて実現することができます。

# 第２章　他人より上に立ちたい人の心の奥――「劣等コンプレックス」について

## 「意識」と「無意識」はいっしょに働く

個人心理学では、「意識」と「無意識」という言葉を別個の要素として使うのは間違っていると考えます。「意識」と「無意識」は同じ方向（目標）に向かっていっしょに働くのであって、よく言われるような、相反《あいはん》するものではありません。また、両者のあいだに、明確な境界線もありません。たんに、いっしょに働く目的に気づいているかどうかに違いがあるだけです。

何かを意識しているか、していないかは、それとつながりのあるものの全体がわからない限り、判断できません。そうしたつながりは、前の章で説明した「原型」、つまり人生のパターンがわかれば明らかになります。

「意識」と「無意識」の密接なつながりをわかっていただくために、事例を一つ紹介しましょう。40歳の既婚男性のケースです。彼は「窓から飛び降りたい」という願望を抱えているために、不安にさいなまれていました。いつもその願望と闘っていましたが、その点を除けば、人生はうまくいっていました。友人たちがいて、いい地位に就き、妻と幸せに暮らしていたのです。彼のケースは、「意識」と「無意識」がいっしょに働いていると考えない限り、説明がつきません。

彼は「意識」のうえでは、「窓から飛び降りたい」と思っていました。それでも生き続けました。実際には、窓から飛び降りようと試みることさえなかったのです。それは、彼には別の側面、つまり、自殺したいという願望と闘っている側面があり、それが重要な役割を果たしていたからです。そうした「無意識」の側面と「意識」とがいっしょに働いた結果として、彼は「勝者」になったのです。

実際、彼の「ライフスタイル」――この言葉の意味については、のちの章で詳しく説明しましょう――においては、彼は「人より優れる（優越）」という目標を達成した勝者でした。読者のみなさんは、意識的な自殺願望を持つ人間が、勝者になれるものだろうかと、疑問に思うかもしれません。その疑問には、次のようにお答えします。彼のなかに、自殺願望と闘っている何かがあって、彼がその闘いに成功していることで、彼は「勝者」になり、「人より優れた存在」になっているのです。

客観的には、彼が人より優れようと努力したのは、彼自身の弱さによって条件づけられたためで、そうしたことは、何らかの劣等感を抱いている人にはよくあります。

ですが大事なのは、彼の個人的な闘いにおいては、「人より優れたい、生きたい、勝ちたいという欲求」が、「劣等感や死にたいという欲求」を上回ったということ、しかも、彼の「意識」のなかに表れていたのは後者であり、前者は「無意識」のなかにあったにもかかわらず、そういう結果になったということです。

では、この男性の「原型」は、個人心理学の理論を裏づけるものでしょうか？　彼の子ども時代の記憶を分析してみましょう。彼は幼いころ、学校で苦労したそうです。ほかの男の子たちが嫌いで、彼らから逃げたいと思っていたのです。それでも彼は、持てる力を振り絞って、彼らのなかにとどまり、彼らに向き合いました。彼は弱点を克服するために努力したと言えるでしょう。彼は問題に立ち向かい、乗り越えたのです。

この神経症の男性の性格を分析したら、彼が、恐怖や不安を克服することを人生の目標の一つにしていたことに気づくはずです。この目標を達成するために、彼の意識上の考えと無意識の考えがいっしょに働き、一つにまとまったのです。もし、人間を「(統合された)一つのまとまり(unity)」としてとらえなかったとしたら、この男性が人より優れているとか、成功しているとは思わなかったでしょう。

あるいは、こう考えるかもしれません。「この男性は力を振り絞って闘いたいと思ってはいるが、ただ野心的なだけで、根本的には臆病者だ」。

ですが、こうしたとらえ方は間違っています。なぜなら、そのとらえ方は男性についてのすべての事実を考慮に入れ、人生が一貫性のある「一つのまとまり」であることを踏まえて、それらの事実を解釈したものではないからです。

もしわたしたち個人心理学の研究者が、人間が一つのまとまりであることを確信できなかったとしたら、この心理学も、人間を理解すること、あるいは理解しようと努力することも、すべて意味のないものとなったでしょう。人間の二つの側面が相互に関連していることを前提にしなかったとしたら、人生を一つの完全なまとまりとみなすこともできなかったでしょう。

## 人の弱さはどこに向かうのか

人を理解するには、その人の人生を一つのまとまりとみなすことに加えて、その人生を「まわりの人たちとの関係」という背景とともに理解する必要があります。たとえば、生まれたときから身体が弱い子どもは、だれかに世話をしてもらう必要があります。その子どものライフスタイルや生き方を理解するには、その子どもの世話をした人や、その子どもが「人より劣っていること（劣等）」を補ってくれた人も考慮しなければなりません。

子どもは母親や家族と相互に影響し合う関係にありますが、考慮（分析）の対象を、子どもが陥っている状況に限定してしまったら、そうした人たちとの関係については理解できないでしょう。子どもの個性は、身体的な個性にとどまらず、「まわりの人たちとの関係」という背景全体を含んでいるのです。

子どもに当てはまることは、ある程度は、人間全体にも当てはまるものです。子どもが家庭のなかで暮らす一因となっている「弱さ」は、人間を集団で暮らさざるを得なくさせている「弱さ」に匹敵します。どんな人にも、「自分は無力だ」と感じる状況はあるものです。

困難な問題にぶつかって、押しつぶされそうになることもあれば、一人で立ち向かうことができないときもあります。だからこそ、人間はグループを作る傾向がことのほか強く、孤立した個人として暮らすのではなく、集団の一員として暮らすようになったのです。そうした集団生活が、無力感や劣等感を克服するのにおおいに役立っていることは、間違いないでしょう。

動物にも同じことが言えます。弱い種《しゅ》〔生物分類の基本単位〕ほど集団で暮らし、みんなの力を合わせることで、個々のニーズを満たしています。たとえば、バッファロー（野牛）の「群れ」は、オオカミから身を守ることができます。1頭だけでは無理でも、集団なら、みんなで身体を寄せ、足を使って戦い、生き延びることができるのです。

一方、ゴリラやライオン、トラなどは身を守る力が備わっているので、単独で暮らします。人間には、彼らのような怪力も、彼らのような鋭い爪や歯もないので、互いに離れた状態で暮らすことはできません。人間が社会生活（集団生活）を始めたのは、一人では弱いからと考えていいでしょう。

とはいえ、社会（集団）のなかでは、だれもが同じ能力や力量を備えているわけではありません。それでも、うまく組織された社会（集団）なら、メンバーの能力向上をサポートするのをいとわないでしょう。そのことは、理解していただきたい重要ポイントです。なぜなら、そうしたサポートがないとしたら、人は遺伝で受け継いだ能力だけで評価されることになるからです。ですが実際には、うまく組織された社会（集団）のなかなら、もし孤立した状態で暮らしていたら能力が足りなかった人でも、足りない分を十分に補えるものです。

では仮に、わたしたちの能力不足が、遺伝したものだとしましょう。その場合、心理学の目的は、人々が他人とうまくやって、生まれながらの能力不足による悪影響を減らせるよう、教育することになるでしょう。人間社会の進歩の歴史が、人間が欠陥や能力不足を克服するために協力してきたことを物語っています。

「言葉」が社会の産物であることは、みなさんご存じかと思います。でも、「言葉」が、人の欠陥が原因で生まれることに気づいている人はほとんどいないでしょう。幼い子どもの行動を見れば、それが事実であることがわかります。子どもは欲求が満たされないと、注意を引こうとします。そして何らかの言葉を発することで、注意を引こうとします。

ですが、注意を引く必要がないなら、まったく言葉を発しようとしません。生まれて2、3カ月の赤ちゃんは、そういう状態が続きます。言葉を発する前に、欲しいものは何でも母親が与えてくれるからです。

6歳になるまで言葉を発しなかった事例もありますが、それは、言葉を発する必要がなかったからです。同じような例が、ろうあ（耳が聞こえず、口がきけない）の両親を持つ子どもにもありました。その子どもは、転んでけがをしたら泣きましたが、声を立てずに泣いたそうです。彼の声は両親には聞こえませんから、声をあげてもむだなことはわかっていました。そこで、泣いているのを見せることで両親の注意を引こうとし、声は立てなかったというわけです。

そんなわけで、わたしたちはつねに、知りたい事柄の社会的背景の全体に目を向ける必要があります。たとえば、人がどうして「人より優れたい」という目標を選んだかを知りたいなら、その人の社会環境（まわりの人々）に目を向ける必要があります。また、人がどうして適応障害になったかを知りたいなら、「人づき合い」の状態にも目を向ける必要があります。言葉を通じてまわりの人たちとうまくコンタクトがとれないせいで、まわりの人たちに適応できない人がたくさんいます。

吃音の人がいい例でしょう。もしみなさんが、だれか吃音の人について調べたら、その人はごく小さいころから人づき合いがうまくできなかったことに気づくでしょう。その人は子ども時代に、アクティビティーに参加するのを嫌がり、友だちや仲間も欲しがらなかったのではないでしょうか。吃音の子どもの言語能力を発達させるには、人とのつき合いが必要ですが、その子どもはそれを嫌がったと考えられます。それで、吃音はその後も続くことになったのです。

実際には、吃音の子どもには二つのタイプがあります。一つは、人とつき合おうとするタイプ、もう一つは自ら孤立しようとするタイプです。

また、人づき合いをしないで大人になった人のなかには、あがり症で、人前で話すことができない人がいます。人前で話せないのは、目の前の聴衆が「敵」に見えるからです。あがり症の人は、目の前の聴衆が、非友好的で威圧しているように見えて、劣等感を覚えます。そういう人は、自分と聴衆を信用できるようになったときに、初めてうまく話すことができ、うまく話せるようになったときに、初めてあがり症が解消します。

## 「劣等感」を克服するには

そんなわけで、「劣等感」と「人づき合い」ができないことには、密接なつながりがあります。まわりの人たちにうまく適応できないことが「劣等感」につながっているなら、「人づき合い」の訓練を行うことが、劣等感の克服につながると考えていいでしょう。

また、「人づき合い」の訓練と「共通感覚《コモンセンス》」には、直接的なつながりがあります。わたしが「人は自分の問題を、共通感覚《コモンセンス》を通じて解決する」と言うときには、社会集団が持っている「蓄積された知性」が頭にあります。

一方、前の章でお伝えした通り、個人的な（自分だけの）言葉の使い方、理解のしかたをする人は、異常をきたします。精神を病んだ人、神経症の人、犯罪者などがこのタイプです。わたしはそういう人たちが「興味を持たないもの」に気づきました。彼らは、「人」や「団体」「社会規範」には興味を示しません。ですが、そうしたものこそが、彼らの救済につながるのです。

わたしたちが彼らに働きかけるとしたなら、わたしたちの仕事は、彼らが「人づき合い」に関する事実に興味を抱くようにすることです。神経症の人たちは、善意を示されると、自分が正当化されたように感じます。ですが、彼らには善意以上のものが必要です。わたしたちは彼らに、人づき合いにおいては、「何かを実際に成し遂げること、何かを実際に与えること」が大事だと、教える必要があるのです。

劣等感や「人より優れたい（自分が上位に立ちたい）」という欲求はだれにでもありますが、だからといって、人はだれもが同じというわけではありません。人の行動は、「人より劣っている」か「人より優れている」かで違ってきますし、「身体的な強さ」や「健康状態」「生活環境」によっても違ってきます。ですから、同じ状況下に置かれていても、人によって異なる間違いを犯します。

もしわたしが子どもたちに質問をしたら、まったく同じ答え方をする子どもはいないでしょうし、子どもたちにとっての正しい答え方というのもないでしょう。彼らは自分のやり方で答えます。彼らはよりよいライフスタイルを目指して努力しますが、それぞれが、独自の失敗や独自の小さな成功を繰り返しながら、自分なりのやり方で努力します。

では、一般とは異なる特性を持つ人について考えてみましょう。

まずは、「左利きの子ども」を取り上げます。なかには、右手を使うよう、きわめて注意深い教育を受けたために、自分が左利きであることを知らない子どももいます。そういう子どもは、最初のうちは右手がうまく使えず、不器用になってしまうので、叱られたり、非難されたり、ばかにされたりします。ばかにするのは間違っていますが、両手を使えるようにしたほうがいいでしょう。子どもが左利きかどうかは赤ちゃんのころにわかります。左利きなら、右手よりも左手のほうをよく動かすからです。もっと大きくなると、左利きの子どもは、右手を使うのが苦手なことで苦しむことがあります。

その一方で、左利きの子どもが自分の左手や左腕よりも、自分の右手や右腕に興味を持つことがよくあります。どちらに興味があるかは、絵を描くときや字を書くときなどに表れます。そういう子どもが、何年かあとには、通常の子どもよりも右手が器用になっていることがありますが、それも当然と言えるでしょう。その子どもは右手に興味を持ったことで、たとえば早起きなどをして、右手を使う練習をするようになります。つまり、苦手であることが、人一倍念入りな練習につながったのです。そうしたことが、芸術的才能を伸ばすときの大きな強みになることがよくあります。

右手の練習をするような子どもは、たいていは野心的で、自分の欠点を克服するために闘います。しかしながら、ときには、その闘いに真剣になりすぎて、他人をねたむようになり、劣等感もますます強くなって、結局は、欠点を克服するのがますますむずかしくなることもあります。

子どもは、闘い続けていると、攻撃的な子ども、あるいは攻撃的な大人になることがあり、「不器用であってはいけない、欠点があってはいけない」という固定観念（思い込み）を抱えながら、つねに努力するようになります。そういう状態になったら、（精神的な）重荷を人一倍抱えることになるでしょう。

子どもは、4、5歳のころに作った「原型」に応じて、さまざまな形で努力し、失敗しながら成長します。「目標」はまちまちで、画家になりたいと思う子どももいるでしょうし、まわりの人たちに適応できない子どもなら、その環境から抜け出したいと思うかもしれません。子どもがどうしたら欠点を克服できるかは、わたしたちにはわかるかもしれませんが、子どもにはわからず、たいていは、きちんと教えてもらうこともありません。

目や耳、肺や胃腸などに障害を抱えている子どもがたくさんいます。そうした子どもたちは、障害のせいでうまくできないことに興味を抱きます。それが大人の男性に見られた興味深い例を紹介しましょう。その男性は、夜、仕事から帰って家にいるときに限って、ぜんそくの発作に見舞われていました。

男性は45歳。既婚で、高い地位に就いています。どうして発作がいつも帰宅後に起こるのかと問われて、こう答えています。「妻はかなりの実利主義で、わたしは理想主義。ですからわたしたちは意見が合いません。わたしは仕事から帰ったら、静かにしていたい、家で楽しく過ごしたいと思っています。でも妻は集まりの場に出かけたいと思っていますから、自宅で過ごすことに文句を言います。それを聞くと、わたしは不快になり、息苦しくなるんです」。

この男性は、なぜ息苦しくなるのでしょう?　なぜ「吐き気をもよおす」ではないのでしょう？　実際には、この男性は自分の「原型」に忠実だっただけなのです。

どうやら彼は、子どものころ、どこか弱いところがあって、そこに包帯を巻く必要があり、包帯をきつく巻いたことが呼吸に悪影響を及ぼし、ひどく不快な気分になったようです。ですが、彼には乳母がいて、彼女が彼をかわいがり、いつもそばにいて元気づけました。彼女は自分のことは後回しにして、彼だけに注意を集中させました。こうして彼に、「（自分は）いつも楽しませてもらっている、いつも元気づけてもらっている」という印象を植えつけたのです。

彼が4歳のとき、彼女は結婚するために、彼のもとを去りました。彼は泣きじゃくりながら、彼女を駅まで見送りました。彼女が去ったあとのある日、母親にこう言ったそうです。「乳母がいないから、もう面白いことなんて何にもない」。

わたしには、大人の彼が、「原型」が作られたころのように、自分をいつも楽しませ、元気づけ、自分だけを気にかけてくれるような理想の人を探しているように思えました。彼の問題は、息苦しくなることではなく、いつも楽しませ、元気づけてくれる人がいないことです。でも当然ながら、いつも楽しませてくれる人なんて、簡単には見つかりません。

彼は事態をすべて支配したいと思うタイプで、そういう性格は、ある程度は、彼が思いを遂げるのに役立ちました。つまり、彼が息苦しくなると、彼の妻は、映画に行きたいとか、集まりの場に出かけたいとは言わなくなるということです。こうして彼は「人より優れる（自分が上位に立つ）」という目標を達成したのです。

この男性は、意識のなかでは、自分はつねに正しく、適切だと思っていますが、頭のなかに「勝者になりたい」という欲求を抱えていました。自分の妻を、彼の言う「実利主義」の人間ではなく、「理想主義」の人間に変えたいと思っていたのです。彼のように隠れた動機を持つ人は、表面的な問題だけでは判断できないものです。

わたしは、目に問題を抱えている子どもたちが、目に見えるものに興味を持つのを何度も見ています。彼らはそうすることで、感覚を研ぎ澄ませる能力を磨いているのです。

偉大な詩人グスタフ・フライターク〔1816〜95年。ドイツの作家、歴史家〕は視力が弱く、乱視でもありましたが、たくさんのことを成し遂げました。詩人や画家は、目に問題を抱えていることが多いようです。ですが、たいていは、目に問題を抱えていることで、目に見えるものへの興味を深めています。フライタークは自分のことを次のように説明しています。

「わたしは、目がほかの人たちとは違っていますから、想像力を発揮したり、鍛えたりしなければならないと思っていました。それが、いい作家になるのに役立ったかどうかはわかりませんが、いずれにせよ、視力が弱いことの結果として、わたしは想像の世界でなら、現実の世界にいる人々よりも、よく見えるようになりました」。

もしわたしたちが世の天才たちの特徴を調べたら、視力が弱いなど、何かしら障害が見つかることが多いでしょう。過去のあらゆる時代において、神のような偉人たちでさえ、目の一方、あるいは両方が見えないなどの障害を抱えていました。

目がほとんど見えないのに、線や影、色の違いを見分けるのを人一倍得意とする、天才的な人々も存在します。そういう人々が存在するという事実が、わたしたちが、苦しんでいる子どもたちの「問題」を正しく理解したときに、彼らに対して何ができるかを教えているのではないでしょうか。

なかには、「食べもの」に人一倍興味を抱く人たちもいます。彼らは、その興味のせいで、自分はどんなものを食べられるか、どんなものが食べられないか、といったことを年じゅう語っています。そしてたいていは、ごく幼少のころ、「食べること」に関して苦労した経験があり、そのために、人一倍食べることへの興味を深めています。

おそらく、用心深い母親に「これは食べてもいい、これは食べちゃだめ」といったことを年じゅう言われていたのでしょう。そういう人たちは、胃腸の問題を克服できるよう訓練する必要があるので、昼食や夕食、朝食に何を食べるかということに積極的に興味を持つようになります。また、そういう人たちは、いつも食べもののことを考えていた結果として、料理の腕を上げたり、ダイエットの専門家になったりすることもあります。

しかしながら、ときには、胃腸が弱い人が「食べもの」の代わりになるものを見つけることもあります。それが「お金」になる人もいます。そういう人は守銭奴か、大金を稼ぐ銀行家になるでしょう。たいていの場合、お金を集めようと必死に努力し、連日連夜、勉強します。

彼らは、自分の商売のことを考えるのを決してやめません。それが幸いして、同じような商売をしている人たちよりはるかに有利になります。そして面白いことに、わたしは、胃腸に問題を抱えている金持ちの話をよく耳にします。

さて、このあたりで、「身体」と「心」がよく結びつけられることを思い出してみましょう。一つの問題が必ずしも同じ結果につながるとは限りません。たとえば、「身体の問題」を抱えているからといって、必ずしも「好ましくないライフスタイル」という結果につながるわけではありません。

身体の問題については、たいていの場合、適切な栄養を与えるなどの治療を施すことができ、そうすることで、ある程度までは取り除けます。ですが、悪い結果の原因となるのは、「身体の問題」ではなく、その人の「考え方」です。

だからこそ、個人心理学では、「身体の問題」を単独でとらえることも、その結果を一つに絞ることもせず、「身体の問題」に対するその人の「考え方」が間違っているとみなすのです。また、だからこそ個人心理学の研究者は、子どもが「原型」を作り上げる時期に、劣等感と闘う力を備える方法を見つけようとしているのです。

なかには、問題をなかなか克服できないため、待ちきれずにイライラする人もいます。わたしは、強い怒りと情熱を抱きながら、絶えず動いている人を見たら、その人には大きな劣等感があると判断します。自分は問題を克服できると思っている人は、待ちきれずにイライラすることはありません。その一方で、自分は克服できると思っている人が、必ずしも、克服するのに必要なことをやり遂げるとは限りません。

また、傲慢で、生意気で、攻撃的な子どもも、大きな劣等感を抱えているものです。みなさんがそういう子どもに対処したいなら、劣等感の原因——つまり、その子どもが抱えている問題——を見つけ出してください。その子どものライフスタイルや「原型」の誤りを非難したり、罰したりしてはいけません。

わたしたちは、子どもが何かに異常なまでに興味を持つとか、自分が上位に立ちたくて悪だくみをする、「人より優れる（優越）」という目標に突き進むといった特異な行動から、その子どもの「原型」の特徴を知ることができます。

自分の行動や表現（行為）に自信のない子どももいます。そういう子どもは、可能な限り他人を排除しようとします。また、初めての場面に直面するような場所には行こうとせず、安心して過ごせる小さなサークルにとどまろうとします。それは、学校でも私生活でも同じですし、社会に出ても、結婚生活を送るようになっても、変わりはありません。そして、「人より優れる」という目標を達成するために、自分の小さな居場所でたくさんのことを成し遂げたいといつも思っています。

そういう人はたくさんいます。ですが彼らは、結果を出すには、どんな場面にも対応できるよう準備をしておく必要があることを忘れています。あらゆる場面に向き合うべきなのです。特定の場面や特定の人物を排除したら、個人的な知識だけでしか、自分を正当化できません。それでは不十分です。そういう人にとっては、「社会（まわりの人々）との接触」と「共通感覚《コモンセンス》」という、二つのまったく新しい風が必要なのです。

もし哲学の研究者が論文を完成させようと思ったら、いつもだれかといっしょに昼食や夕食に出かけるというわけにはいきません。考えをまとめて正しい結論につなげるには、何時間ものあいだ、一人になる必要があるからです。ですがそのあとは、社会との接触を通じて成長する必要があります。そうした接触が、その研究者が成長するうえで重要な役割を果たすのです。

ですから、みなさんがそういう人に出会ったら、その人に必要なものが二つあることを思い出しましょう。またそういう人は、人々の役に立っていることもあれば、役に立っていないこともあるので、役に立つ行動と役に立たない行動の違いを注意深く探す必要もあるでしょう。

## なぜ人は他人より上に立ちたがるのか

だれかの「人づき合い」の能力について理解するには、人はつねに「人より優れる（自分が上位に立つ）」場面を見つけようとしているという事実を頭に入れておくべきでしょう。

たとえば、大きな劣等感を抱えている子どもは、自分より強い子どもたちを排除し、自分より弱い子どもたち――自分が支配できて、いばれる相手――と遊ぼうとします。これは、劣等感が正常ではない病的な形で表れたものです。重要なのは、劣等感ではなく、劣等感の

「程度と性質」なのです。

異常なほどの劣等感は「劣等コンプレックス」と呼ばれています。ですが、パーソナリティー全体に広がっているような劣等感には、「コンプレックス」という言葉はふさわしくありません。そうした劣等感は「コンプレックス」以上のもので、ほとんど「病気」と言ってよく、その破壊力のレベルは、環境によって変化します。

たとえば、わたしたちは、ある人が仕事をしているときには、その人が劣等感を抱えていることに気づかないことがあります。それは、その人が仕事に自信を持っているからです。その一方で、そういう人が人づき合いとか、異性とのつき合いには自信がなかったりします。そうしたことを知ることで、その人のほんとうの精神状態に気づくことができます。

わたしたちは、人が緊迫した状況や困難な状況に置かれたときに、その人の「原型」の誤りにかなりの程度まで気づくことができます。「原型」が正確に表れるのは、人が困難な状況や初めての状況に置かれたときで、実際には「困難な状況」というのは、必ずと言っていいほど「初めての状況」です。だからこそ、前の章でお伝えした通り、人がどの程度「共同体感覚」を備えているかも、その人が「初めての状況」に置かれたときに判明するのです。

学校に通っている子どもについては、（教師やカウンセラーが）学校での「共同体感覚」

を観察することができますが、その子どもが大人になったときの社会での「共同体感覚」も、それと同じだと考えていいでしょう。

学校での「共同体感覚」を観察する場合は、その子どもが仲間と交わるか、それとも仲間を避けるかを調べます。もし子どもが「多動性があり、ずる賢い」ことに気づいたら、子どもの心をのぞき込んで、その原因を見つけるべきです。

また子どもが、条件がそろったときしか前に進めなかったり、ためらいがちに前に進んだりするなら、その子どもが大人になってから、人づき合いや、私生活、結婚生活のなかで同じことが起こる恐れがあるので、注意したほうがいいでしょう。

わたしたちはこんなことを口にする人によく出会います。「わたしはこのやり方でやるつもり。でも～」「おれはその職に就きたい。でも～」「僕はあの男と戦うつもりだ。でも～」。こうしたことを口にするのは、「大きな劣等感を抱えている」というサインです。実際、わたしたちがそのことを見抜いたら、その人の特定の感情――たとえば「疑念」――について理解できるようになります。疑念を抱いている人は、たいていの場合、ずっと疑念を抱き続け、何も成し遂げることができません。ただし、人が「わたしは～しないつもりだ」と言ったら、たぶんその人はその通りにするでしょう。

心理学の研究者がだれかを注意深く観察したら、その人の言動に矛盾があることに気づくでしょう。「矛盾する言動」も、劣等感を抱いていることのサインと考えていいでしょう。ですが、問題を抱えている人の立ち振る舞い――たとえば、人への近づき方や、人との接触のしかた――も観察すべきでしょう。その人は人づき合いが苦手かもしれませんし、ためらいがちな足取りで人に近づくかもしれません。

そうした「ためらい」は、たいていの場合、生活のほかの場面の行動にも見られるはずです。世のなかには、前に一歩進んでは、後ろに一歩下がる人がたくさんいますが、そうした行動も、大きな劣等感を抱えているというサインです。

そういう人たちが「ためらい」から抜け出せるよう教育することも、わたしたちの仕事です。そういう人たちへの正しい対処法は「勇気づけること」。彼らを落ち込ませるのは厳禁です。彼らが問題に立ち向かい解決できることを理解してもらいましょう。それが、彼らに自信を植えつける唯一の方法です。そして「自信を植えつけること」が、劣等感を取り除く唯一の方法なのです。

# 第3章　自分を大きく見せたい人の傾向
## ――「優越コンプレックス」について

### 弱者が社会を支配する

前の章では、「劣等コンプレックス」についてお伝えし、わたしたちみんなが抱え、闘っている「劣等感」と「劣等コンプレックス」との違いについても説明しました。次はその逆のテーマ「優越コンプレックス」に目を向けましょう。

これまでお伝えしてきた通り、人生の兆候（symptom）はすべて、何らかの動き、何らかの発展として表れます。そして「兆候」には、過去と未来があると言えるでしょう。

未来は、わたしたちの努力や目標で決まります。一方、過去は、わたしたちが克服しようとしている「劣っている状態」や「無力な状態」を示します。そんなわけで、個人心理学では、「劣等コンプレックス」については、コンプレックスの「始まり」に着目し、「優越コンプレックス」については、コンプレックスの継続性や、発展のほうに焦点を当てています。そして、当然ながら、この二つのコンプレックスにはつながりがあります。

ですから、わたしたちが「劣等コンプレックス」を抱えていると判断した人に、多かれ少なかれ「優越コンプレックス」が潜んでいたとしても、驚くことではありません。反対に、「優越コンプレックス」を抱えているか、あるいはそれが継続しているかを調べたら、多かれ少なかれ「劣等コンプレックス」が潜んでいることに気づくものです。

それから、頭に入れておいてほしいのですが、「劣等コンプレックス」と「優越コンプレックス」の「コンプレックス」という言葉は、たんに、「劣等感」や「人より優れたいという思い」が大きくなった状態を表しています。そういうとらえ方をすることで、「劣等コンプレックス」と「優越コンプレックス」という相反《あいはん》する性質が一人の人間のなかに共存するという、一見矛盾した事実も、理解できるのではないでしょうか。

相反するものが共存するのは、正常なレベルの「劣等感」と「人より優れたいという思い」は、お互いを補い合うからです。わたしたちは、「今の自分には○○が足りない」と思わなかったら、人より優れたいとか、成功したいとは思わないはずです。「コンプレックス」と呼ばれるものは正常なレベルを超えた感情ではありますが、正常なレベルのものと同様、共存できないことはありません。

「人より優れたいという思い」がなくなることはないでしょう。実際、そうした思いが「心」――つまり、人の「精神」――の構成要素となっています。前にもお伝えしたように、人は何らかの「目標」、あるいは何らかの「形」に到達しようとします。そして「人より優れたいという思い」が、目標へと向かう動きをスタートさせるのです。

その「動き」はまるで、出くわしたものすべてを飲み込んで流れる川のようです。わたしたちが「怠け者の子ども」を観察し、その子どもがあまり活動せず、何ごとにも無関心だったら、その子どもが「動いている」ようには見えません。

それにもかかわらず、わたしたちはそういう子どもにも「人より優れたいという思い」があることに気づきます。その思いがあるので、彼はこんなことを言ったりします。「もし僕が怠け者じゃなかったら、大統領になれるのになあ」。言ってみれば、その子どもは、条件つきで動いたり努力したりする、といったところでしょう。そういう子どもは自分を高く評価し、「もし～なら」、生きるのに役立つ道で、たくさんのことを成し遂げられると考えているのです。

もちろん、それは偽りであり、「作り話」ですが、ご存じの通り、人はたいていの場合、作り話に満足します。そしてそれは、「勇気のない人」にとくに言えます。

勇気のない人は「作り話」に非常に満足します。自分はあまり強くないと思っているので、いつも回り道をし、いつも困難な状況から逃げ出したいと思っています。そういう人は、逃げ出すことで、つまり、闘いを避けることで、実際のその人よりも、はるかに強く、賢いと感じているのです。

「盗みを働く子ども」が、優越感を抱いていることがあります。そういう子どもは、自分は人々をだませた、人々は自分が盗みを働いたことに気づいていないと思っています。そう思うことで、ほとんど手間をかけずに、心が豊かになれるのです。それと同じ感覚が、自分は「人より優れた英雄」だと思っている犯罪者にもはっきり見られます。

こうした感覚については、前にも「個人的な（自分だけの）考え方」の表れとして、別の側面から紹介しました。それは共通感覚《コモンセンス》でも「共同体感覚」でもありません。

殺人犯が「自分は英雄だ」と思っていたら、それは個人的な（自分だけの）考えです。殺人犯は、自分の問題を解決することから逃げられるように事を運んだわけですから、勇気がないのです。そんなわけで、殺人という犯罪行為は「優越コンプレックス」の結果であって、根っから狂暴であることの表れではありません。

同じような考え方が、「神経症の人」にも見られます。たとえば、そういう人が不眠症を抱えているとしましょう。その人は十分に眠っていないので、翌日は、職場での要求に応えられるほどの力はありません。そして、不眠のせいで、できるはずの仕事ができないから、仕事をする必要はないと考えます。そしてこう嘆くのです！「眠れさえすれば、何だってできるのに」。

また、同じような感覚が、不安に苦しんでいる「うつ病の人」にも見られます。不安のせいで、まわりの人たちに対して独裁者のように振る舞うのです。実際、うつ病の人たちは「不安」を利用して、まわりの人たちを支配しています。

それは、彼らは不安なので、いつもだれかにいっしょにいてもらわなければならず、どこへ行くにも、だれかにつき添ってもらわなければならないからです。こうして、つき添う人は、うつ病の人の要求に従って生きる羽目になります。

うつ状態の「精神を病んだ人」は、つねに家族の注目の的になるものです。そういう人には、劣等コンプレックスがもたらすパワーがあるのです。彼らは「力が出ない」とか「やせてしまった」などと愚痴をこぼしますが、それでも、彼らが一番の強者《つわもの》です。彼らは健康な人々を支配します。

だからといって、驚くにはあたりません。わたしたちの社会には、弱者がとても強く、パワフルになれる文化があるからです（実際、「わたしたちの社会で一番強いのはだれか？」と考えてみると、「赤ちゃん」というのが論理的な答えになるでしょう。赤ちゃんは支配しますが、赤ちゃんを支配するなんて、だれにもできませんから）。

それでは、「優越コンプレックス」と「劣等感」の関係について考えてみましょう。たとえば、優越コンプレックスを抱えている「問題児」がいるとしましょう。彼は生意気で、傲慢で、攻撃的です。そしていつも、自分を実際よりも大きく見せたいと思っています。

また、よく知られたことですが、かんしゃく持ちの子どもたちは、突然かんしゃくを起こすことで、まわりの人たちを支配したいと思っています。どうして彼らは、そんなにせっかちなのでしょう？　それは、自分に目標を達成するだけの力があるかわからず、不安だからです。

彼らは「劣等感」を抱いているのです。攻撃的でけんかっ早い子どもは「劣等コンプレックス」と、それを克服したいという欲求を抱えていると考えていいでしょう。そういう子どもは、つま先立ちして、自分を大きく見せようとしているようなもので、簡単な方法で、成功とプライド、優越性を手に入れようとしているのです。

わたしたちは、そういう子どもへの対処法を見つけ出す必要があります。彼らがそんなふうに振る舞うのは、「つじつま」というものを理解していないからです。彼らはものごとの道理を理解していないのです。ですが、彼らがそれを理解しようとしないからといって、彼らを非難してはいけません。わたしたちが彼らに、問題点を突きつけても、彼らは、「自分は人より劣っているとは思わない、人より優れていると思っている」と主張するでしょう。ですから、彼らに対してはフレンドリーな感じで、わたしたちの考えを説明し、徐々にわかってもらう必要があります。

だれかが「目立ちたがり屋」なら、それは、その人が「劣等感」を抱えているからです。そして劣等感を抱えているのは、「生きるのに役立つ道」で、まわりの人たちと張り合えるだけの力がないと思っているからです。だからこそ、そういう人は「役立たない道」にとどまっているのです。

たとえば、そういう人はまわりの人たちと協調することができません。まわりの人たちに適応できず、「人づき合い」の問題をどうやって解決したらいいのかわかっていません。そ要があります。もしそういう状況に陥っている子どもがいたら、その子どもが置かれた状況を把握する必要がありますし、子どもにわたしたちの考えをわかりやすく説明する必要もあるでしょう。

## ある姉妹の苦しみ

同様の「優越コンプレックス」と「劣等コンプレックス」の組み合わせは、「神経症の人」にも見られます。神経症の人は、自分の「優越コンプレックス」をしょっちゅう表に出しますが、「劣等コンプレックス」を抱えていることには気づいていません。それがよくわかる、少女の事例を紹介しましょう。

彼女には仲のいい姉がいて、その姉はとてもチャーミングで、高く評価されていました。まずは、この事実に大きな意味があります。というのも、家族のなかでだれか一人がほかのメンバーより目立っていたら、ほかのメンバーが不快な経験をするからです。その恵まれた一人が父親であれ、母親であれ、子どもの一人であれ、変わりはありません。家族のほかのメンバーにとって、とてもつらい状況が生まれ、ときには、耐えられないと思うこともあるほどです。

　恵まれた一人が子どもの一人だった場合は、ほかの子どもたちは「劣等コンプレックス」を抱え、「優越コンプレックス」と言えるほど「人より優れたいという思い」が大きくなります。彼らが、自分のことだけではなく、他人にも関心を持っている限りは、自分の問題を納得のいく形で解決できるでしょう。

　ですが、彼らに「劣等コンプレックス」がはっきりした形で刻み込まれた場合は、言ってみれば、敵国の中で暮らすようなもので、つねに自分の利益だけを追求し、他人のことは気にかけなくなります。したがって、十分な「共同体感覚」も身につきません。そして「人づき合い」という人生の課題に対して、解決にはつながらないようなネガティブな感情を抱えながら、取り組むことになるのです。

　そんな調子ですから、彼らは安心感を求めて、「生きるのに役立たない道」に入ることになります。ほんとうは、その道は「安心感」にはつながらないのですが、彼らは、「安心感」につながるのは、「問題を解決すること」だと気づかず、「他人に支援してもらうこと」だと思ってしまうのです。言ってみれば、「物乞い」のようなものでしょう。物乞いは、いつも他人に支援してもらっていますし、自分の弱さを利用することに抵抗がありません。人間は、子どもであれ大人であれ、自分は弱いと思っているときには、社会（まわりの人々）に関心を持てないのに、「人より優れたい（自分が上位に立ちたい）」と思うものです。これは、人間の本質の一つの特徴ではないでしょうか。自分は弱いと思っている人は、社会（まわりの人々）への関心を持たないまま、個人的な優越感を得られるような方法で、人生の問題を解決しようとします。「人より優れたいという思い」が強くても、「共同体感覚（社会への関心）」を持っている限り、「生きるのに役立つ道」を歩み、いい結果を出すことができるでしょう。ですが、「共同体感覚（社会への関心）」がないなら、人生の問題を解決する準備が十分にできません。そういう人のカテゴリーのなかに、前にもお伝えした通り、問題児、精神を病んだ人、犯罪者、自殺する人などが含まれています。

では、事例の少女の話に戻りましょう。彼女は、「好ましい人間関係の輪」の外で育ったので、疎外感を抱いていました。もし彼女がまわりの人たちに関心を持っていたら、そして、前にお伝えしたようなことを知っていたら、別の道を歩んでいたはずです。

彼女はミュージシャンになるために勉強を始めました。ですが、恵まれている姉のことばかり考えていたために「劣等コンプレックス」に陥り、そのせいでつねにひどく緊張していたので、このときもうまくいきませんでした。

彼女が20歳のときに姉が結婚しました。すると彼女も、結婚相手を探し始めました。姉と張り合おうとしたのです。こんな調子で、彼女はますます深みにはまり、生きるのに役立つ健全な道からさらに遠ざかってしまいました。そしてついには、「わたしはすごい悪女で、人を地獄に送れる『魔法の力』を持っている」と思い込むようになったのです。

「魔法の力を持っている」というのは「優越コンプレックス」の表れだと考えられますが、彼女はむしろ、魔法の力を持っていることに文句を言いました。これは、金持ちの人が「金持ちになるなんて、最悪だよ」と文句を言うのに似ています。彼女は自分に、人を地獄に送れる「神のような力」があると考えていただけではなく、ときには、「自分なら、地獄送りになるような人々を救うことができるし、救うべきだ」と考えることもありました。

どちらの考えもばかげていますが、彼女は、そうした「作り話」を生み出すことで、恵まれた姉よりもレベルの高い能力があると、自分を納得させたのです。彼女はこのゲームでしか、姉を克服できませんでした。彼女が魔法の力を持っていることに文句を言ったのは、文句を言えば言うほど、自分にレベルの高い能力があるという話がもっともらしくなるからです。もし彼女がその話を笑い飛ばしたとしたら、その話は疑わしいものになったでしょう。彼女は文句を言うことでしか、自分が書いた筋書きに満足できなかったのです。この事例を通じて、「優越コンプレックス」が隠れていて、その存在に気づかないこともあること、それでも実際には、「劣等コンプレックス」を埋め合わせるものとして存在することを、わかっていただけたのではないでしょうか。

その姉——ここからは「姉」という立場の子どものストーリーです——は、とても恵まれていました。というのも、生まれてしばらくは一人っ子で、おおいにちやほやされ、家族の中で注目の的だったからです。ですが3年後に妹が生まれて、状況は一変します。

それまでは、子どもは一人だけでしたから、注目の的でした。ところが、突如としてその座を失います。結果的に、彼女は攻撃的な子どもになりました。とはいえ、攻撃的になるのは、自分よりも弱い相手がいるときだけです。

攻撃的な子どもというのは、ほんとうは、勇気があるわけではありません。自分より弱い相手としか戦いません。まわりが強い人ばかりなら、攻撃的にはならず、怒《おこ》りっぽくなる、あるいは落ち込みます。そのせいで、家庭内ではあまり高く評価されません。

こうしたケースでは、上の子どもは、自分は以前ほどかわいがってもらえなくなったと感じます。そしてそうした変化の原因を明らかにすることで、自分の考えを裏づけようとします。姉は、家に赤ちゃんを連れてきたのは母親だから、母親が一番悪いと考えます。そう考えているなら、彼女が攻撃の矛先を母親に向けるのも無理はありません。

一方、その赤ちゃんは――どの赤ちゃんにも言えることですが――見守られ、観察され、大事にされる必要があるので、有利な立場にあります。ですから、努力する必要もなければ、戦う必要もありません。その赤ちゃんはとても愛らしく、とても優しく、おおいに愛される存在、家族の中心的存在として成長します。ときには「従順」という形の美徳を備えることもあります！

では、そうした愛らしさとか、優しさといったものが、生きるのに役立つか役立たないか考えてみましょう。その子どもが従順で扱いやすいのは、たんに甘やかされているからだとしましょう。ですが、わたしたちの社会は、甘やかされている子どもに対して好意的な見方はしません。ときには、そのことに父親が気づいて、甘やかすのをやめようとすることもあります。学校が介入することもあるでしょう。

甘やかされている子どもの立場はつねに危ういのです。そのため、そういう子どもは劣等感を抱きます。その子どもが好ましい状況に置かれているときには、わたしたちはその子どもの劣等感に気づきません。

ところが、好ましくない状況に陥ったとたんに、その子どもは、精神的にまいって落ち込むか、「優越コンプレックス」を抱くかのどちらかになります。

「優越コンプレックス」と「劣等コンプレックス」には、一つ共通点があります。それは、どちらも、つねに「生きるのに役立たない道」を進むことです。わたしたちが、傲慢で生意気な子ども、つまり「優越コンプレックス」のある子どもが、「生きるのに役立つ道」を進むのを見ることはないでしょう。

甘やかされている子どもが学校に行くようになったら、もう「好ましい状況」ではありません。そういう子どもは学校に入ったとたんに、「ためらう態度」をとるようになり、何をしても最後までやり遂げられなくなります。事例として紹介した「妹」の少女もそうでした。彼女は、裁縫やピアノなどを習い始めましたが、どれも長続きしなかったのです。

同時に、彼女は社会（まわりの人々）への興味を失い、出かけることも好きではなくなり、気分が落ち込むようになりました。そして、自分よりも好ましい特徴をいくつか備えている姉の存在によって、自分は影が薄くなっていると感じていました。ためらってばかりいたために、ますます気弱になり、性格も悪くなってしまいました。

大人になってからは、仕事の場でためらうようになり、何をしても最後までやり遂げられなくなりました。姉と張り合いたいと思っていたにもかかわらず、恋愛や結婚についても、ためらいます。

30歳になったときに、まわりを見回して、ようやく相手を見つけました。結核を患っている男性です。当然ながら、そういう人が相手なら、両親は反対します。この件については、彼女がためらうまでもなく、親がストップをかけ、結婚には至りませんでした。

それから1年ほど経ったころ、彼女は35歳年上の男性と結婚しました。そういう年齢の男性はもはや「男」とは思えませんから、その「結婚」とは言えない結婚は、不毛ではないかと思います。結婚相手として、自分よりはるかに年上の人を選んだり、つき合う相手として、結婚ができない人――たとえば、既婚者――を選んだりするのは、たいていは、「劣等コンプレックス」の表れです。つき合いの妨げになるような事情を抱えている人は、臆病者である疑いがあります。この女性は、結婚では「優越コンプレックス」を満たすことができなかったので、別の方法で満たそうとします。

彼女は、この世で一番重要なものは「義務（務め）」だと主張しました。彼女にとっては、いつも自分の身体を洗う必要がありました。彼女にだれか、あるいは何かが触れたら、もう一度洗います。そうするうちに、彼女は完全に孤立しました。

実際のところは、彼女の手は、それ以上汚くなりようがないほど汚れていました。原因は明らかでした。いつも手を洗っていたので、皮膚がひどく荒れてしまい、ガサガサの皮膚にたくさんの汚れがついていたのです。

彼女のこうした行動は、「劣等コンプレックス」によるもののように見えます。でも彼女は、自分を世界で唯一の「汚れのない人間」とみなし、まわりの人たちが彼女のようには熱心に洗わないことで、彼らを非難し続けました。そうやって、身ぶりで伝える「パントマイム（無言劇）の役者」と同じような役割を演じていたのです。

そして、ずっと「人より優れたい」と思っていた彼女が、虚構のなかではありますが、ようやく人より優れることができたのです。何しろ彼女は、世界一「汚れのない人間」なのですから。彼女の「劣等コンプレックス」は「優越コンプレックス」に変わり、その「優越コンプレックス」ははっきりと表面化していると言えるでしょう。

## 「自分を大きく見せたい」病い

自分はイエス・キリストだとか、自分は皇帝だなどと思い込んでいる「誇大妄想症の人」にも、同じ現象が見られます。そういう人は「生きるのに役立たない道」に入り、自分の役割をいかにもほんとうらしく演じます。孤立した生活をし、もしわたしたちがその人の過去を調べたら、彼が「劣等感」を抱えていたこと、そして意味のない形で、「優越コンプレックス」を大きくしてきたことがわかるでしょう。

では15歳の少年の事例を紹介しましょう。彼は幻覚症状に見舞われ、精神病院に入院しました。それは戦争前のことで、彼の頭のなかでは、オーストリアの皇帝は死んだことになっていました〔戦争は1914～18年の第一次世界大戦のこと。その戦争以前のオーストリアは皇帝が支配する帝国だった〕。それは事実ではありませんが、彼はこう主張するのです。「皇帝が夢に現れて、僕にこう言ったんだ。『オーストリア軍を率いて、敵と戦いなさい』」。少年は普通よりちょっと小柄でしたのに！　少年は新聞を見せられ、皇帝が城に立ち寄ったとか、ドライブに出かけたといった記事を読んでも、それを信じようとしませんでした。「皇帝は死んでいて、僕の夢に現れる」の一点張りなのです。

当時の個人心理学は、人が寝るときの姿勢が、その人の優越感や劣等感を判断するのに役立つかどうかを解明しようとしていました。今では、それが役立つことがわかっています。なかには、布団を頭からかぶって、ハリネズミのように丸くなって寝る人もいます。そういう姿勢は「劣等コンプレックス」を示しています。そういう人に勇気があると思えるでしょうか？

あるいは、大の字になって寝ている人を、弱虫だとか、人生に行き詰まっていると思えるでしょうか？　そういう人は、文字通りの意味でも、比喩的な意味でも、眠っているときの姿勢と同様に「大きく」見えます。また、うつぶせで寝る人は、頑固で攻撃的であると報告されています。

事例の少年についても、起きているときの行動と、寝ているときの姿勢にどんな関連性があるかを突き止めようと、観察が行われました。彼が寝ているときには、ナポレオンみたいに胸の上で腕組みをしていることがわかりました。オーストリアの人々は、肖像画のナポレオンが胸の前で腕組みをしているのをだれもが知っています。

そこで翌日、わたしは少年にたずねました。「だれか、腕組みする人を知ってるかい？」。少年は答えました。「うん、学校の先生」。この答えに少々戸惑いましたが、もしかすると、彼の先生がナポレオンに似ているのではないかと考えました。その推測は当たっていました。

また、少年はその先生のことが大好きで、自分もその先生のような教師になりたいと思っていることもわかりました。ところが彼の家には、教育を受けさせるお金がなかったので、彼はレストランで働かねばなりませんでした。そのレストランの常連客たちは、少年が小柄なことを散々あざ笑ったそうです。彼はそれに耐えられず、屈辱感から逃げようと思いました。ですが、「生きるのに役立たない道」に逃げ込んでしまったのです。

わたしは、この少年がなぜ幻覚症状を抱えるようになったのか理解できました。この少年はもともと、自分が小柄なことで「劣等コンプレックス」を抱いていました。小柄なことで、レストランの客たちにも笑われます。

でも彼は、「人より優れる（自分が上位に立つ）」ために努力し続けました。将来は教師になりたいと思います。ところが、教師への道は閉ざされてしまいました。そこで、回り道をして「生きるのに役立たない道」に入ることで「人より優れる」という目標を達成しようとしたのです。彼は夢のなかでは、人より優れる（自分が上位に立つ）ことができました。

「人より優れる」という目標は、生きるのに役立たないこともあれば、役立つこともあります。たとえば、慈善活動に熱心な人がいるとしましょう。その人が慈善活動をする理由は、次の二つのうちのどちらかです。一つは、その人は社会に適応し、人助けをしたいと思っているから。もう一つは、たんに自慢したいから。心理学の研究をしていると、自慢することが一番の目標ではないかと思える人にたくさん出会うものです。

では、学校ではあまり出来がよくなかった少年の事例を紹介しましょう。その少年は落ちこぼれていたので、不登校になり、盗みを働くようになります。でも彼はいつも自慢ばかりしていました。彼が盗みを働いたり、自慢したりするのは、「劣等コンプレックス」があるからです。

彼は何らかの道で成果をあげたかった、たとえその道が安っぽい虚栄心を満たすだけの道でも、成果をあげたかったのです。ですから、お金を盗んで、売春婦たちに花や贈りものをプレゼントするといったこともやりました。また、車で遠くの小さな町に行き、そこで馬車と馬を6頭調達して、町じゅうを堂々と乗り回し、しまいには逮捕されたこともありました。こうした行動に、「自分をほかの人たちより大きく見せたい」「実際の自分よりも大きく見せたい」という強い欲求が表れています。

## 犯罪者には共通の傾向がある

犯罪者の行動にも、同じような傾向――簡単に成果をあげたいと思う傾向――が見られます。こうした傾向については、前にも、別のトピックでお伝えしました。少し前のニューヨークの新聞に、ある強盗が、女性教師たちの住む家に押し入り、彼女たちと会話をしたという記事がありました。強盗はこう主張したそうです。「あんたらは知らないだろうけど、普通のまっとうな仕事をしていると、すごく大変なことがいっぱいある。働くより、強盗になったほうがずっと楽なんだよ」。

この強盗は、「生きるのに役立たない道」に逃げ込んだのです。ですが、その道を選んだことで、ちょっとした「優越コンプレックス」を得ることができました。このときも、自分は女性たちより強いと思っていました。もっともそれは、彼には武器があり、女性たちにはないというのが大きな理由だったでしょう。

では彼は、自分を臆病者だと気づいていたでしょうか？　わたしは気づいていたと思います。なぜなら、彼は「生きるのに役立たない道」に入ることで、「劣等コンプレックス」から逃げたいと考えていたからです。ですから、その後の彼は、自分は臆病者ではなく、英雄だと思うようになりました。

なかには、死ぬことで、この世と、そこでの問題ともどもおさらばしようと思い、自殺に走る人もいます。そういう人は「生命」を大事にせず、そうすることで優越感を抱きますが、ほんとうは臆病者です。すでにお伝えした通り、「優越コンプレックス」は二つ目のフェーズ（段階）で、「劣等コンプレックス」を埋め合わせるものです。わたしたちはその二つの本質的なつながりを見つける努力をすべきです。

二つがつながっているというのは、矛盾しているように思えるかもしれませんが、前にもお伝えした通り、相反《あいはん》するものが存在するというのは人間の本質です。二つのつながりが見つかったら、わたしたちは、「劣等コンプレックス」と「優越コンプレックス」の両方に対処することができるのです。

これまで「劣等コンプレックス」と「優越コンプレックス」という一般的なテーマについて説明してきましたが、この二つと「正常な人」との関係について説明しないまま、この章を終えるべきではないでしょう。すでにお伝えした通り、劣等感はだれもが持っています。でも劣等感は病気ではありません。むしろ、健全で正常な願望や成長への刺激になります。

劣等感が病的な状態になるのは、「自分は無力だ」という感情に打ちのめされ、それまでは、その感情が刺激となって、有意義な活動をしていたのに、落ち込んで、成長できなくなった場合だけです。そして「劣等コンプレックス」に陥った人が、つらい状況から抜け出すために利用できるのが「優越コンプレックス」です。「劣等コンプレックス」に陥った人は、人より優れていないのに「人より優れている」と思い込みます。そうした偽《にせ》の成功が、「人より劣っている」耐えがたい状態を埋め合わせるのです。

正常な人は「優越コンプレックス」を抱きません。優越感さえ抱きません。「成功したい」という願望はわたしたちのだれもが持っているので、その意味では、正常な人にも「人より優れたい」という欲求はあります。ですが、その欲求を仕事で発散している限りは、その欲求が、精神疾患の根源となる「間違った思い込み」につながることはありません。

# 第4章 「ライフスタイル」は幼年期に作られる

## 人の未来は予測できる

もしみなさんが、谷間に生えている松に目をやったら、山頂の松とは生え方が違うことに気づくでしょう。どちらも同じ松ですが、「ライフスタイル」が異なります。山頂での松のスタイルは、谷間に生えている場合のスタイルとは異なるのです。

木の「ライフスタイル」というのは木の「個性」のことで、その個性は環境のなかで作られ、環境のなかで明らかになります。周囲の環境を背景にして木を見ると、木のスタイルが想像とは違っていたことに気づくものです。環境を背景にして見たときには、どの木にもライフパターンがあり、木が環境にただ機械的に反応しているわけではないことに気づくからです。人間にも、同じようなことが言えます。わたしたちは、人を一定の条件の環境下で見ると、その人の「ライフスタイル」に気づきます。そのライフスタイルと環境との関連性を見極めるのが、わたしたち心理学者の仕事です。人は環境が変われば、心理も変化します。ですが、人が「好ましい状況」にいるときには、その人独自のライフスタイルは、はっきりとはわかりません。

その人が「新しい状況（初めての状況）」のなかで、問題にぶつかったときに、その人のライフスタイルがはっきりと表れるのです。経験を積んだ心理学者だったら、好ましい状況のなかでも、人のライフスタイルがわかるかもしれませんが、その人が「好ましくない状況」や「困難な状況」に陥ったときなら、だれの目にも明らかになります。

人生は、たんなる「ゲーム」以上のもので、「困難なこと」には事欠きません。問題にぶつかるような状況はいくらでもあるでしょう。わたしたちは、調べたい相手が何かの問題にぶつかっているあいだに調べればいいのです。そうすれば、その人のいつもとは違う行動や、それまで見えなかった特徴に気づくはずです。

前にも触れましたが、ライフスタイルにも「一貫性」があると考えていいでしょう。なぜなら、ライフスタイルは、幼少期に問題にぶつかった経験や、目標を目指して努力した経験から生まれるものだからです。

とはいえ、わたしたちは人の「過去」に対しては、その人の「将来」に対するほどは興味を抱きません。そして人の「将来」を予測するには、その人の「ライフスタイル」を理解する必要があるのです。人の衝動とか、刺激要因、本能などを理解したところで、その人が将来どうなるかは予測できません。

心理学者のなかには、人の衝動とか、心に刻まれた印象、トラウマを知ることで、将来を予測しようとする人たちもいますが、そうした要因についてよく調べてみると、それらが一貫した「ライフスタイル」にもとづいていることがわかります。つまりそうした要因は、結局のところ、「ライフスタイル」を守り、固定するものにすぎないと考えていいでしょう。

では、「ライフスタイル」は、これまでの章で説明してきたこととどんな関係があるのでしょうか?

お伝えした通り、弱い器官を持つ人たちは、困難に直面し、自信がないと感じているために、「劣等コンプレックス」にさいなまれることがあります。ですが、人はそういう状態に長くは耐えられないので、これまで紹介した事例のように、劣等感が刺激となって、行動を起こそうとします。その結果として、「目標」を持つことになります。

個人心理学では、そうした目標に向かう一貫した動きを、これまで長いこと「ライフプラン」と呼んできました。ですが、この言葉は学生たちの誤解を招くことがあったので、これからは、「目標に向かう一貫した動き」を「ライフスタイル」と呼ぶことにします。

人が「ライフスタイル」を持っているおかげで、ときには、人と話をし、いくつか質問をしただけで、その人の将来がわかることもあります。それは、芝居の第5幕（最終幕）で、すべての謎が解き明かされるようなものです。わたしたちは、人と話をして、その人の人生のフェーズ（段階）や、抱えている問題、課題がわかれば、その人の将来を予測することができます。つまり、経験と少しばかりの知識を備えれば、いつも孤立している子どもや、サポートを欲しがる子ども、甘やかされた子ども、取り掛かるのをためらう子どもなどが、将来どうなるかを予測できるということです。

では、人からサポートしてもらうことを目標にしている子どもは、どうなるでしょう？何ごともためらい、人生の課題を解決することをやめてしまったり、それから逃げたりするでしょう。わたしには、そういう子どもがどうしてためらったり、やめたり、逃げたりするようになるかがわかります。それは、そういうケースをたくさん見てきたからです。

そういう子どもは、一人で前に進みたくなく、人に面倒を見てほしいと思っています。大きな問題からは遠ざかろうとし、何の役にも立たないことに没頭するばかりで、有意義な活動には取り組みません。そういう子どもには「共同体感覚」がないのです。その結果として、問題児、あるいは神経症、犯罪者になったり、自殺――最後の逃避――をしたりします。今では、こうしたことが以前よりも解明できるようになっています。

たとえば、今では、問題がある人の「ライフスタイル」を調べるときに、判断基準として、「正常なライフスタイル」を使うことができます。今では、社会に適応した人のライフスタイルを基準にして、それとの違いを調べることができるのです。

たぶんここで、個人心理学では「正常なライフスタイル」をどうやって決めているのか、それを基準にして、問題のある人の「ライフスタイル」の誤りや特異な点を、どのように判断しているかを、お伝えしたほうがいいでしょう。ですがその話に入る前に、個人心理学では、こうした研究の際に、人の「タイプ」は考慮に入れないことをお伝えしておこうと思います。

なぜ考慮しないかというと、人は一人一人が独自の「ライフスタイル」を持っているからです。二枚の木の葉がまったく同じであることはないのと同様に、二人の人間がまったくそっくりなことはありません。世のなかはとても多様ですから、人への刺激要因や人の衝動を生むもの、誤りの原因となるものは数えきれないほどあります。ですから、二人の人間がまったく同じになることなんて、ありえないのです。

そんなわけで、わたしが「タイプ」に言及するとしたら、人々の類似点をわかりやすくするための手段として「タイプ」を使っているだけだとお考えください。人のタイプの合理的な分類法を考慮に入れたほうが、判断しやすいこともあります。

ですが、そうした分類法を使うにしても、いつも同じ分類法を使うとは限りません。類似点を浮き彫りにするのに最も役立つ分類法を使うでしょう。ですが、タイプや分類法に真剣になりすぎる人たちは、いったんだれかを何らかのタイプに分類したら、ほかのタイプに分類できるかどうかを考えようとしません。

わたしの主張をわかりやすくするために、一つ例を挙げましょう。たとえば、わたしがだれかを「社会不適応タイプ」と呼んだ場合、共同体感覚を持たずに不毛な人生を送っている人を指します。これは人を分類する一つの方法で、おそらくこうした分類も大事でしょう。そして、その人の興味の中心が「目に見えるもの」だとしましょう。その人は、興味の中心が「口を使うもの」の人とはまったく異なります。

ですが両者とも「社会不適応タイプ」で、人づき合いを苦手としているかもしれません（ですから、「タイプ」が、たんに特定の要素を都合よく抜き出したものでしかないことに気づいていないなら、タイプ別の分類は、混乱の原因になりかねません）。

## 彼がいつもうまくいかない理由

それでは、「ライフスタイル」を調べるときの基準の話に戻りましょう。

基準となる「正常な人」というのは、「社会のなかで暮らし、生き方が社会にうまく適応しているため、本人が望もうが望むまいが、仕事を通じて社会に一定の利益をもたらしている人」のことです。また、心理学的観点から言えば「問題や困難に見舞われたときに、それに向き合うだけのエネルギーと勇気がある人」でもあります。精神病質（反社会的人格の一種を意味する心理学用語。精神病質の人を「サイコパス」と呼ぶ）の人たちは、これらの資質のどちらも持ち合わせていません。社会に適応していませんし、日々の仕事にも精神的には適応していません。

一例として、30歳の男性のケースを紹介しましょう。彼はいつも問題の解決から、最後の瞬間に逃げていました。友人が一人いましたが、その友人に対しても疑い深く、結果的に友人関係は発展しませんでした。彼のような人を相手にしていると、友人はピリピリしますから、二人のあいだに友情は育たないのです。彼には言葉を交わす間柄の人はたくさんいましたが、実際には、友人と呼べる人は一人もいませんでした。彼には友人を作るだけのまわりの人々への関心（共同体感覚）も、まわりの人々への適応力もなかったのです。

実際、彼は人づき合いを好みませんでしたし、人のいる所では、いつも黙っていました。彼はその理由を、人のいる所では話すことを一つも思いつかないから黙っているのだと、説明しています。

また彼は、恥ずかしがり屋でもありました。肌がピンク色で、時々、話しながら赤面することもありました。ですが、恥ずかしがりを克服できたときには、うまく話せました。実際には、彼に必要だったのは、批判をせずに、恥ずかしがりを克服できるよう手助けすることだったのです。

彼が恥ずかしがっているときは、まわりの人たちにいいイメージを与えることができませんから、当然ながら、まわりの人たちにはあまり好かれていませんでした。彼自身もそれを感じていて、結果的に、話すことがますます嫌いになってしまいました。彼の「ライフスタイル」は、彼がまわりの人たちに近づいたら、警戒されてしまうようなものと言ってもいいでしょう。

彼の「人づき合いや友だちづき合い」の問題を一つ目の問題とすれば、二つ目として、「仕事」の問題も抱えていました。彼は——今ではわたしのクライエントです——、いつも仕事に失敗するのではないかという恐怖を抱えていたので、連日連夜、勉強しました。ですが、がんばりすぎて過労に陥ります。そして過労に陥ったせいで、仕事を失敗せずにやるという問題を解決できなくなってしまいました。

もしわたしが、今の彼と、こうした二つの問題に取り組んでいたころの彼を比べることができたら、当時の彼が、つねにひどく緊張していたことに気づいたでしょう。ひどく緊張するというのは、彼が大きな劣等感を抱えていたことのサインです。彼は自分を低く評価し、まわりの人たちや新しい環境を、自分に敵対するものとみなしていました。ですから、まるで敵国のなかにいるかのように振る舞ったのです。

さて、ここまでで彼の「ライフスタイル」を描くだけのデータがそろいました。彼の「ライフスタイル」は次のようなものと言えるでしょう。——彼は前に進みたいと思いながらも、失敗するのが怖いせいで行き詰まっています。

彼はまるで断崖絶壁を前にして立っているかのように、気を張って、いつも緊張していま
す。条件が整えば、何とか前進することもありますが、それは条件がそろったときだけで、
家にいるのを好み、人と交流しようとはしません。

彼の三つ目の問題に対しては、たいていの人があまり準備できていないでしょう。つまり
「恋愛」の問題です。彼は異性にアプローチするのをためらいました。恋愛をし、結婚した
いと思っていたのですが、大きな劣等感を抱えているせいで、女性と向き合うのが怖くてた
まらなかったのです。

わたしは、やりたいことをやれない彼を見ているうちに、彼の行動と考え方のすべてが、「え
え……でも」という言葉に要約されていることに気づきました！　彼はある女性に恋してい
たかと思ったら、すぐに別の女性に恋しています。こうしたことは、神経症の人にはよく見
られ、「女性二人でも、一人分に満たない」という感覚によるものです。複数の妻を持ちた
がる傾向も、こうした感覚が原因になっていることがあります。

それでは、こうした「ライフスタイル」の原因を探ってみましょう（今では、個人心理学
でも、ライフスタイルの原因を分析するようになりました）。

この男性は4、5歳のころにライフスタイルを確立しました。そのころ、何かしら「つら

いできごと」があって、それが彼のライフスタイルに影響を与えています。ですから、つらいできごとが何だったかを調べる必要があります。何かが原因で、彼は他者への正常な関心を失い、「人生はすごく大変だ」とか、「大変な目にあうくらいなら、前に進まないほうがましだ」といった印象を心に刻み込みました。その結果として、用心深く、ためらいがちになり、逃げる方法を探すようになったのです。

それから、彼が「一人目の子ども」だったことにも触れておかねばなりません。「一人目の子ども」という立場が大きな意味を持つことは、前にもお伝えしました。そのときに説明した通り、一人目の子どもの一番の問題は、生まれて数年間は注目の的だったのに、その後、栄光の座を奪われ、もう一人の子どもが優先されるようになったことです。

人が恥ずかしがり屋で、前に進むのを怖がるようになるのは、たいていの場合、ほかの人が優先されていることが原因です。そんなわけで、この男性についても、どんな苦労があったかを察するのはそれほどむずかしくはありませんでした。

## 生まれた順番ですべてがわかる

わたしは、クライエントに「あなたは最初の子どもですか？　それとも二人目？　三人目？」とたずねるだけでいいことがよくあります。それだけで、知りたいことがすべてわかるのです。

あるいは、まったく別の手法を使うこともできます。「古い記憶」を話してもらうのです。それについては次の章で詳しく説明しますが、その手法はかなり有効です。それは、「古い記憶」として話してくれたできごとが、わたしが「原型」と呼んでいる初期の「ライフスタイル」に大きな影響を与えているからです。実際、幼少期の記憶について話してもらうと、「原型」の一部が判明することがあります。人はだれもが、過去を回想すると、何かしら重要なことを思い出すものです。そして実際、記憶に残っているものごとはつねに重要なのです。

心理学の学派のなかには、これと正反対の説を唱えているところもあります。彼らは、忘れているものごとが一番大事だと信じているのです。ですが、実際には二つの説に大きな違いはありません。たぶん人は、わたしたちに「意識」のなかの記憶を話しますが、その記憶にどんな意味があるかはわかっていません。記憶と自分の言動とのつながりには気づいていないのです。

ですから、わたしたちが「意識」のなかの記憶の「隠れた意味、忘れられている意味」を重視しようが、忘れている記憶〔「無意識」の領域にある記憶〕を重視しようが、重視しているものは、結局、同じものなのです。

クライエントの記憶に残っているごく幼少のころの光景を少し話してもらうだけで、大きな収穫を得ることがあります。たとえば、例の男性はこう言いました。「小さいころ、母が、僕と弟を市場に連れていってくれました」。これで十分なのです。この言葉から、彼の「ライフスタイル」が判明します。

彼は、自分と弟の光景を描きました。そのことから、彼にとっては「弟がいること」が重要だったと考えられます。彼からさらに話を聞くうちに、似たような母子三人の場面について、こう話しました。「その日、雨が降り出しました。母は僕を抱き上げたのですが、弟を見ると、僕を降ろして弟を抱き上げました」。この話から、彼の「ライフスタイル」が見えてきます。つまり、彼は、いつもほかの人が優先されるだろうと予期しているのです。

そのことがわかれば、彼が集団のなかで話ができない理由も判明します。ほかの人が優先されるのではないかと、いつもまわりを見回しているからです。友だちづき合いでも同じことが言えます。友人は、ほかの人を優先するのではないかといつも考えてしまうので、結局は、ほんとうの友だちができません。つねに友人を疑ってかかり、友情の妨げとなるようなささいな証拠を探してしまうのです。

彼が経験したつらいできごとは、「共同体感覚」を養うのを妨げる原因にもなりました。彼は、母親が弟を抱き上げたことを思い出していますから、子どもだった彼が「弟は、自分よりも母親の注意を引いた」と感じたと考えていいでしょう。彼は「弟のほうが優先されている」と考え、つねに、その考えを裏づけるできごとを探します。そしてその考えが正しいと確信し、つねにストレスを抱えた状態になりました。こうして、ほかの人が自分より優先されると思ったら、何かを達成することがほとんどできない状態に陥ったのです。

彼のような疑い深い子どもにとっては、「完全に孤立する（自分を他人から隔離する）こと」が唯一の解決策になります。一人きりなら、他人と張り合う必要もないですし、言ってみれば、この広い地球上の唯一の人間にもなれるのです。実際、そういう子どもは、空想のなかで「世界は滅びた。でも自分だけが生き残った。だから、ほかのだれかが優先されることはない」と考えることがあるようです。

その後の彼は、前にもお伝えした通り、自分を救える可能性があることは、何でもやっています。ですが彼は、「論理」や「共通感覚《コモンセンス》」「真実」といったものにもとづいて生きているのではなく、「疑念」にもとづいて生きています。限られた世界のなかで暮らし、「逃げればいい」という個人的な（自分だけの）考えを持っています。まわりの人たちとは一切つながりを持たず、他人にはまったく関心がありません。こうして、彼が「正常な人」とは言えないことがわかりました。ですが、だからといって、わたしたちは彼を責めるべきではありません。

個人心理学のカウンセラーの仕事は、彼のようなクライエントに、社会に適応するのに必要な「共同体感覚」を植えつけることです。では、どうしたら植えつけることができるでしょうか？

植えつけるうえでの大きな問題は、彼のような人たちは、過度に緊張し、自分の「思い込み」を裏づけるできごとをいつも探していることです。そういう人たちの考え方を変えるのは、「思い込み」を捨てさせるような形で、彼らのパーソナリティーのなかに踏み込まない限り、無理なのです。そして、彼らのパーソナリティーのなかに入り込むには、ちょっとした技術とちょっとした作戦が必要です。

また「共同体感覚」を植えつけるカウンセラーは、クライエントの身近な人や、クライエントに関心のある人ではなく、それ以外の人が務めるのがベストです。もし、クライエントの症例に関心がある人がカウンセラーを務めたら、いつの間にか、クライエントの利益のためではなく、カウンセラー自身の関心（研究心）を満たすために行動するようになるからです。クライエントはそのことに気づき、カウンセラーを疑うようになるでしょう。

大事なのは、彼らの「劣等感」を軽減することです。ただし、劣等感を完全になくすことはできません。実際、劣等感を完全に取り除く必要もありません。劣等感は、成長するための土台として役立つからです。

わたしたちがやるべきなのは、彼らの「目標」を変更することです。すでにお伝えした通り、彼のような人は「逃げること」を目標としてきました。それを目指したのは、「ほかの人が優先される」と思い込んでいるからです。この思い込みを何とかしなければなりません。

わたしたちは彼らに、「自分を実際よりも低く評価している」と教えて、彼らの劣等感を軽減する必要があります。彼らがあまり前に進んでいないことを示し、彼らに過度に緊張する傾向があって、まるで断崖絶壁を前にして立っているみたいだ、あるいは、敵国で暮らし、つねに危機に直面しているみたいだと、説明すればいいのです。彼らの「ほかの人が優先されるのではないか」という不安が、彼らがいい仕事をしたり、まわりの人たちに好感を持ってもらう妨げになっていることを教えればいいのです。

もし彼らが、集団のなかでホスト役を務め、友人たちに楽しいときを過ごしてもらったり、友人たちに愛想よくしたり、友人たちに気を配ったりすることができたら、彼らは大幅に改善するはずです。ですが、彼らは通常の人づき合いのなかでは、楽しいときを過ごすことはできませんし、何を話したらいいかわからず、しまいにはこうつぶやくことになります。「この人たちときたら、僕に関心がなく、僕を楽しませることができない。ばかな人たちだ」。

彼らの困ったところは、共通感覚《コモンセンス》がなく、個人的な（自分だけの）感覚しか持ち合わせていないせいで、自分が置かれた状況が理解できないことです。

前にもお伝えした通り、彼らはまるで、いつも敵と向き合い、一匹狼として生きているかのようです。こうした生き方をするのは、痛ましいほど異常な状態と言えるでしょう。

## 子ども時代に秘密がある

それでは、具体的な例をもう一つ紹介しましょう。うつ病を患っている男性の事例です。うつ病はとてもよくある病気で、治すことができます。この病気の症状は、幼少の子どもにも見られます。実際、わたしは、新しい環境に入ったときにうつ病の症状を見せる子どもがたくさんいることに気づきました。

これから紹介する男性は、これまでに10回ほどうつ病の症状に見舞われましたが、いずれも新しいポストに就いたときでした。慣れたポストにいる限り、ほとんど正常だったのです。ですが、彼は、まわりの人たちとのつき合いの輪に入る気はないのに、彼らを支配したいと思っていました。その結果として、友だちはできず、50歳になっても結婚はしていません。

では、彼の「ライフスタイル」を知るために、彼の子ども時代に目を向けましょう。

子どものころの彼は、とても神経質でけんかっ早く、自分が弱いことや、つらい思いをしたことを強調することで、つねに兄や姉たちを支配していました。ある日のこと、兄弟みんなでカウチの上で遊んでいるとき、兄たち全員を突き落としました。そのことで、叔母に叱られると、彼はこう言い放ったそうです。「もう僕の人生は終わったよ。おばさんが僕を非難したせいだからね！」。このとき、彼はまだ4、5歳でした。

当時の彼の「ライフスタイル」は、次のように描けるでしょう。――つねに他人を支配しようとし、自分が弱いことや、つらい思いをしたことにつねに文句を言っている。こうした特質は、後年、うつ病につながります。うつ病自体が、たんなる「弱さ」の表れにすぎません。

うつ病の人はだれもが、「わたしの人生は終わった。わたしはすべてを失った」といったような言葉を口にします。そういうことを言う人は、「甘やかされてきたが、今はそうではない」という状況にある人が多く、その状況がその人の「ライフスタイル」に影響を及ぼしています。

自分が置かれた状況に反応するときの人間たちは、さまざまな種の動物たちによく似ています。オオカミやトラと、野ウサギとでは、同じ状況に置かれても、反応のしかたが異なります。人間たちも同じです。

以前、タイプの異なる三人の少年をライオンの檻の前に連れていき、その恐ろしい動物を目にしたときの最初の言動を調べるという実験が行われました。一人目の少年は、檻に背を向け、こう言いました。「うちに帰ろうよ」。二人目の少年はこう言いました。「カッコいいねえ!」。この少年は、勇気があるように見られたがっていましたが、実はこう言いながら震えていました。彼は臆病者だったのです。三人目の少年はこう言いました。「こいつに唾を吐いてもいい?」。

この実験から、三人の人間が同じ状況に置かれても、三人三様の反応のしかたがあることがわかります。また、たいていの人間は、怖がり屋の傾向があることもわかります。

そうした「臆病な心」は、人づき合いの場で頭をもたげることもあり、適応障害のよくある原因の一つとなっています。では、適応障害の男性の事例を紹介しましょう。

その男性は名家の出身で、いつもサポートしてもらうことを望み、自分で努力するのを嫌がりました。彼は弱々しく見えましたから、当然ながら、職は見つかりませんでした。そして、家の経済事情が悪化したころ、兄弟たちからこんな言葉を浴びせられるようになりました。「おまえって大ばかだよ。だから仕事も見つからない。おまえときたら、何にもわかっちゃいない」。

彼はアルコールに手を出します。数カ月後には病みつきの大酒飲みになり、専門病院に入院させられ、そこで二年を過ごしました。二年間の入院は、彼にとってプラスになりましたが、長期的にプラスになったわけではありません。というのも、彼は準備ができていなかったのに、社会に戻されたからです。職を探しましたが、名の通った一族の御曹司だったにもかかわらず、見つかったのは肉体労働の仕事だけでした。そのうち、幻覚を見るようになりました。彼は「男が現れて、僕をばかにする。だから僕は働けない」と思い込んでいました。

彼は、最初は、酒の飲みすぎで働けず、次は、幻覚のせいで働けなくなったのです。ですから、彼のような大酒飲みに、たんにお酒をやめさせるだけでは、適切な治療にはならないと言えるでしょう。治療するには、その人の「ライフスタイル」を突き止め、それを修正する必要があるのです。

彼とやり取りするうちに、彼が「甘やかされた子ども」で、手助けしてもらうことをいつも望んでいたことがわかりました。彼は一人で働く準備ができておらず、その結果、前記のような事態に陥ったというわけです。

わたしたちは、すべての子どもたちに「主体性」を身につけてもらわねばなりません。そして子どもたちが「主体性」を身につけるには、わたしたちが彼らに、彼らの「ライフスタイル」の間違いを理解してもらうようにするしかありません。事例の男性は、子ども時代に、何かを習得できるよう、大人が教育すべきでした。そうすれば、兄弟や姉妹のいるところで、面目を失うことはなかったはずです。

# 第5章 「古い記憶」が教えてくれること

## 子どものころの記憶からわかること

これまで「ライフスタイル」の重要性について分析してきました。次は「古い記憶」の話に入りましょう。

おそらく、人の「古い記憶」を知ることが、その人の「ライフスタイル」を突き止めるための一番有効な方法でしょう。子どものころの記憶を調べれば、ライフスタイルの中核をなす「原型」が、それ以外の方法を使うよりもよくわかるのです。

わたしがだれかの「ライフスタイル」を突き止めたいときには、相手が子どもであれ大人であれ、しばらくその人が訴える不満を聞き、そのあと、「古い記憶」を話してもらいます。それからその記憶と、その人からのほかの情報を突き合わせます。

たいていの場合、「ライフスタイル」が変わることはありません。パーソナリティーも変わらず、つねに一貫性があります。すでにお伝えした通り、ライフスタイルは、何らかの面で「人より優れる」ための、特定の「目標」を追い求めるうちに作られます。ですから、その人の言動や感情の一つ一つが、その人の目標への「動きのライン（アクションライン）」に沿ったものであり、相互に関連していると考える必要があります。ある時点で、そうした「ライン」が一段と明確に浮かび上がることがあります。そういうことがとくによくあるのが「古い記憶」のなかなのです。

とはいえ、「古い記憶」と「新しい記憶」をきっちり区別する必要はありません。「動きのライン」は新しい記憶のなかにも含まれているからです。ですが、「動きのライン」は、作られたばかりのものを見つけるほうが簡単ですし、新たな発見にもつながります。「動きのライン」が見つかったら、そのテーマに気づきますし、その人の「ライフスタイル」が変わっていないこともわかります。

4、5歳のころに作られた「原型」のなかに、過去の記憶や現在の行動とのつながりが見られます。ですから、個人心理学では、そうした観察を数多くこなしてからは、「人の『古い記憶』のなかに、その人のほんとうの『原型』の一部が必ず見られる」という説を固守しています。

人が過去を振り返っているときに思い出すできごとは、その人にとって、思い入れのあるできごとであるのは間違いないでしょう。ですから、そのできごとが、その人のパーソナリティーを知る手掛かりになるのです。忘れたできごとも、「ライフスタイル」や「原型」に大きな影響を与えたことは否定できませんが、たいていの場合、忘れた記憶、あるいは「無意識のなかの記憶」と呼ばれているものを突き止めるほうが大変です。

「意識のなかの記憶」と「無意識のなかの記憶」には、「人より優れる」という目標に向かうという共通の性質があります。そしてどちらも「原型」の完成に一役買っています。ですから、可能であるなら、両方を見つけたらいいでしょう。どちらの記憶も重要であることに変わりはありません。そしてたいていの場合、その人自身は、どちらの記憶についても、何を意味するのかわかりません。記憶を知り、その意味を解釈するのは、その人のまわりにいる人の仕事です。

それでは「意識のなかの記憶」の話を始めましょう。わたしたちが「古い記憶」をたずねると、なかには「何も覚えていない」と答える人もいます。そういう人には、思い出すことに集中してがんばってみるよう、お願いする必要があります。そういう人でも、しばらく考えれば、何かしら思い出すものです。

ですが、その人が思い出すのを「ためらったこと」は、子ども時代を振り返りたくないサインと考えられます。ですから、その人の子ども時代は楽しいものではなかったと判断していいでしょう。そういう人から、わたしたちが知りたいことを引き出すには、ヒントを与える必要があります。最終的には、何らかの答えを引き出せるものです。

なかには、1歳のときのできごとを思い出せると言い張る人もいます。ですが、それができることはめったにありません。たぶん実際のところは、そのできごとは想像上の記憶で、ほんとうの記憶ではないでしょう。ですが、そのできごとが想像上のものか、ほんとうのことかどうかは、重要ではありません。いずれにしても、そのできごとが、その人のパーソナリティーが作られる一つの要因となっているからです。

またなかには、思い出したできごとが、自分で記憶していたものか、親から伝えられたものかわからないという人もいます。それについても、どちらなのかは重要ではありません。そのできごとが親から伝えられたものだとしても、その人がそのできごとを記憶にとどめていたことに変わりはないからです。記憶にとどめていたということは、そのできごとに「関心（こだわり）」があるということです。

## 人は「タイプ」分けで考える

「タイプ」については前の章でも説明しましたが、何らかの目的がある場合は、人をタイプ分けしたほうが都合がいいものです。人が話す「古い記憶」は、その人のタイプに応じたものになりますし、その「古い記憶」から、そのタイプの人たちがどんな行動をとるかを予測することができます。

たとえば、ある男性が「ライトがいっぱいついた、すごくきれいなクリスマスツリーと、いくつかのプレゼント、クリスマスケーキを見たこと」を思い出したとしましょう。この話のなかで、一番興味深いのはどこだと思いますか？　それは「見た」のところです。この男性は、なぜ、自分が「見た」ものを思い出したのでしょう？　それは、いつも「目に見えるもの」に関心を持っていたからです。

この男性は、視力の問題とずっと闘ってきて、それを克服するための訓練も受けていました。ですから、いつも「見ること」にこだわり、関心を持っていたのです。たぶんそのことは、彼の「ライフスタイル」の一番重要な要素というほどではないでしょうが、わたしとしては興味深い要因ですし、重要なパーツではあると思います。またそのことから、もしわたしが彼に仕事を提供するとしたら、目を使う仕事がいいことがわかります。

学校教育の現場では、「何らかの目的がある場合は、タイプ分けしたほうが都合がいい」という原則が軽視されています。たとえば、先生の話を聞かない子どものなかには、「見ること」に関心があって、いつも何かを見ていたいと思っているせいで、話を聞かない子どももいます。そういう子どもには、聞く力がつくよう、わたしたちが辛抱強く教育すべきでしょう。

多くの子どもは、授業中に、一つの感覚機能しか使っていません。「聞くこと」が得意な子どももいれば、「見ること」が得意な子どももいます。そのほか、いつも動いていたい、作業をしていたいというタイプの子どももいるでしょう。

そうした三つのタイプの子どもたちに同じ教育をしても、同じ成果を期待することはできません。教師が一つの教え方、たとえば「聞く」タイプ向けの教え方を好むなら、なおさらです。その教え方をしたら、「見る」タイプや「動く」タイプの子どもたちに苦痛を感じさせ、彼らの成長を妨げることになるでしょう。

では事例を一つ紹介しましょう。失神の発作に苦しむ24歳の青年のケースです。彼に「古い記憶」をたずねたら、４歳のころ、機関車の汽笛を聞いて失神したことを思い出しました。つまり彼は「聞く」タイプだったのです。ですから、「聞くこと」に関心がありました。その後、彼がどうして失神の発作に見舞われるようになったかは、ここではとくに説明の必要がないので省きますが、彼は子どものころから「音」にとても敏感だった、とだけお伝えしておきましょう。

彼は「音」へのこだわりがとても強く、騒音や不協和音、耳障りな音には耐えられませんでした。ですからわたしは、彼が汽笛の音によってダメージを受けたと知っても、驚きませんでした。

大人であれ子どもであれ、何かに苦しんでいるせいで、その何かに関心を持つようになることがよくあります。読者のみなさんは、前のほうの章で事例として紹介した、ぜんそくの発作に見舞われる男性のことを覚えているでしょうか。彼は子どものころに、何かのトラブルが原因で、肺のあたりに包帯をきつく巻かれました。その結果として、「呼吸」のしかたに並ならぬ関心を抱くようになりました。

わたしたちは、「食べること」にしか関心がないように見える人たちと出会うことがあります。彼らの幼少期の記憶は、「食べること」と関係があるはずです。彼らにとっては、何を食べたらいいか、何を食べてはいけないか、どうやって食べるか、といったことがこの世で一番大事なことのように見えます。幼少期に「食べること」に関係する何らかの問題を抱えていたために、「食べること」を重視するようになったと考えていいでしょう。

では次に、古い記憶が「動くこと」や「歩くこと」に関係がある人の事例を見てみましょう。わたしは、身体が弱かったり、くる病〔ビタミンDの欠乏や代謝異常などを原因とする骨の石灰化障害〕にかかったりしたために、身体をうまく動かせない子どもをたくさん見てきました。彼らは「動くこと」に異常なまでの関心を持つようになります。

今回の事例は、その好例と言っていいでしょう。その男性は50歳。次のような悩みを訴えました。「わたしはだれかといっしょに通りを渡ると、決まってその人もわたしも車にひかれるんじゃないかという恐怖に襲われるんです。一人のときは、そうした恐怖は感じません。むしろ、ごく落ち着いて通りを渡れます。だれかといっしょのときだけ、その人が車にひかれないよう、助けたいと思うんです。ですから、その人の腕をつかんで右に寄せたり、左に寄せたりします。そして、たいていはその人を怒らせてしまうのです」〔信号機が普及する以前の話だと推測される」。

わたしはこういう人に、しょっちゅうとまではいきませんが、時々出会います。それでは、この男性のおかしな行動の原因を探ってみましょう。

彼に「古い記憶」をたずねたところ、3歳のころに、身体をうまく動かせなかったことや、くる病にかかっていたことを思い出しました。通りを渡っているときに、車にひかれたことも二回あったそうです。

大人になった彼は、そうした弱点を克服したことを証明することが大事だと思うようになりました。言ってみれば、「自分だけが通りを安全に渡れる」といったことを証明したかったのです。そして、だれかといっしょのときはいつも、それを証明するチャンスを探していました。もちろん「通りを安全に渡れること」は、ほとんどの人にとって誇りに思ったり、人と張り合ったりするようなことではありません。ですがこの男性のような人にとっては、動きたいという欲求と、動けることを証明したいという欲求がとても強くなることがあるのです。

では、古い記憶が「動くこと」と関係がある事例をもう一つ紹介しましょう。犯罪者への道をたどっていた少年のケースです。彼は、学校はさぼるわ、盗みは働くわで、しまいには両親を絶望に陥れました。幼少時の記憶をたずねたら、「いつも動き回りたい、急いでやりたいと思っていた」とのことでした。

今では、父親といっしょに仕事をするようになり、問題になるような行動はまったく見られなくなりました。このケースでは、彼への対処法の一つとして、彼をセールスマンにした、つまり、父親の商売を宣伝してまわるという「動き回る」役割を課しました。

## 死の記憶を持つ子ども

「古い記憶」のなかで、最も重視すべきものの一つが「死」の思い出です。人が突如として亡くなるのを子どもが見たら、心に大きな印象を刻むことは明らかです。ときには、そういう子どもが陰うつな事柄（「死」など）に強い興味を示す病的な性格になることもあります。

あるいは病的な性格にはならずに、病気や死と何らかの形で闘う職業に就き、「死」の問題に取り組むことに一生を捧げる人もいます。実際わたしは、「死」の記憶を持つ子どもが後年、医学に興味を持ち、医師や薬剤師を目指すようになった例をたくさん見てきました。そうした目標を目指したら、言うまでもなく「生きるのに役立つ道」に入ることになります。

彼らは「死」と闘うばかりか、人々が「死」と闘うのを手助けします。

その一方で、きわめて自己中心的な「原型」を作る子どももいます。一例を挙げましょう。姉の死に大きな衝撃を受けた子どもがいました。わたしは彼に、将来何になりたいかとたずねました。わたしとしては、「医者になりたい」みたいな答えを期待したのですが、そうではありませんでした。彼は、「墓を掘る人」と答えたのです。どうして「墓を掘る人」になりたいのかとたずねたら、彼はこう答えました。「それはね、僕は『人々に埋められる人』じゃなくて、『人々を埋める人』になりたいからだよ」。こうした目標を目指すと、「生きるのに役立たない道」に入ることになります。なぜなら、この少年は自分にしか関心がないからです。

さて、次は「甘やかされた子ども」や、「子ども時代に甘やかされた人」の古い記憶に目を向けましょう。

このタイプの人たちの特徴は、「古い記憶」にはっきりと表れます。このタイプの子どもは、「母親のこと」を思い出すことが多いのです。甘やかされた子どもが母親のことを思い出すのは、当然のことのようでもあります。ですが、母親のことを思い出すのは、その子どもが「好ましい状況」を必死に求めているというサインです。話してくれた「古い思い出」が、ごくありきたりのできごとに思えることもありますが、そうした話でも分析の対象になるものです。

たとえば、男性があなたにこう話したとしましょう。「僕は自分の部屋で座っていて、母は戸棚のそばに立っていました」。一見、たいした意味はないように思えますが、この男性が「母親のこと」を話に出したということは、それが彼の関心事だというサインです。

ときには、母親のことに関心があるはずなのに、話に出ないこともあります。会話のなかで、母親の話がいつまでも出なければ、それだけ会話も込み入ったものになります。そんなときには、母親の存在を推測して、会話を進めなければなりません。たとえば、男性があなたにこう話したとしましょう。「旅行に行ったことを思い出しました」。ここであなたが、「だれといっしょに行ったのですか?」とたずねれば、母親といっしょだったことが判明するでしょう。

あるいは、子どもがこう話したとしましょう。「夏に、どこかの田舎にいたことを思い出しました」。この場合も、「だれといっしょでしたか?」とたずねればいいのです。こうした形で、話には出なくても、母親から大きな影響を受けていたことが判明することがよくあります。

子ども時代に甘やかされた人の「古い記憶」から、「自分を優先してほしいという強い欲求」

が読み取れることがあります。

たとえば、わたしは、甘やかされた子どもが成長する過程で、「母親が自分を甘やかしてくれたことをありがたく思い始めたこと」に気づくことがあります。そうしたことが読み取れたら、その人を理解するのにおおいに役立ちます。というのも、子どもであれ大人であれ、そうしたことが読み取れる場合は、その人は「自分は危険な状態にある」、あるいは「自分よりもほかの人が優先されるだろう」といつも思っていると考えられるからです。

その人が、傍から見ても明らかなほどピリピリしているなら、そうした思いで頭がいっぱいになっていると考えていいでしょう。その人は「自分を優先してほしいという強い欲求」を抱えています。そして、そういう人は後年、嫉妬深い人間になることがわかっています。

ときには、一つのことに何よりもこだわるタイプの人もいます。

たとえば、ある女の子がこう話しました。「あたしが妹のことを見てないといけない日があったの。あたしは妹のお守り役をうまくやりたいと思った。でも、妹をテーブルに乗せたあとにテーブルクロスに引っかかって、妹は落ちてしまったの」。この子どもはまだ4歳でした。もちろん、その年齢では、妹のお守り役を任せるには早すぎます。全力をあげて妹を守ろうと思っていた姉にとっては、何とも残念な結果になってしまいました。この女の子は大人になって、優しい男性――「従順な男性」と言ってもいいでしょう――と結婚しました。ですが、彼女は夫に対していつも嫉妬深く、文句ばかり言い、ほかの女性を選ぶのではないかと恐れていました。夫はこの女性にうんざりし、気持ちが子どもたちのほうに移ってしまったのも無理はありません。

ときには、「古い記憶」として「家族の○○を傷つけたいと思っていました。実は、殺したいと思っていたくらいです」などと話し、家族への敵対意識を明確に表明する人もいます。そういう人たちは、自分のことにしか関心がありません。まわりの人たちのことは、「気に食わない」と思っています。ライバル意識を抱いているのです。そうしたライバル意識は、すでに「原型」に見られます。

また、何を始めても最後までやり遂げられないタイプの人もいます。やり遂げられないのは、友人が自分以外のだれかを優先するのではないかと不安にさいなまれているから、あるいはほかのだれかがいつも自分を打ち負かそうとしていると疑っているから、と考えていいでしょう。

このタイプの人は、集団のなかにいても、自分よりほかのだれかが輝いているとか、優先されているなどと考えているので、集団のなかに心から溶け込むことができません。何の仕事に就いても、極度に緊張します。極度に緊張するという傾向は、恋愛や結婚につながる場面では、とくに顕著になります。

わたしたちは、こうしたタイプの人を完全に変えることはできませんが、「古い記憶」を聞き出すときのちょっとしたコツがわかれば、その人の問題を改善することができます。

前の章で、「古い記憶」として、母親と弟といっしょに市場に行った日のことを思い出した男性の例を紹介しましたが、その男性も、個人心理学の手法を使ってカウンセリングを行ったクライエントの一人です。母親は、雨が降り出したときに少年だった彼を抱き上げましたが、弟に気づくと、彼を降ろして弟を抱き上げました。このとき、彼は弟が優先されたと感じます。

こうした「古い記憶」を聞き出すことができたら、前にもお伝えした通り、その人のその後の人生で何が起こるかを予測できます。とはいえ、忘れないでいただきたいのですが、「古い記憶」は、予測の根拠になるわけではなく、ヒントになるだけです。「古い記憶」は、その人に何が起きたか、どのように成長したかを示すサインなのです。

人の「古い記憶」がわかれば、その人の「目標に向かう動き」や、その人がどんな障害を乗り越えたかを推察することができます。その人が、生きるのに役立つ道と役立たない道のどちらにより関心があるかも判断できます。その人が、いわゆる「トラウマ」を抱えていることにも気づきます。たとえば、「性」に関するトラウマを抱えているなら、その人は、人生のほかの面よりも「性」に関することに関心があると判断していいでしょう。

「古い記憶」をたずねたときに、性的な体験の話が出てきたとしても、驚いてはいけません。なかには、幼少のときに性的な事柄に人一倍関心を抱く子どももいます。

性的な事柄に関心を抱くのは、人間なら当たり前のことですが、前にもお伝えした通り、大事なのは関心の「程度と性質」です。「古い記憶」として性的な体験を話した人は、たいていの場合、その後、セックスへの関心を深めます。その結果として、その人は「セックス」という、人生の一面ばかりを過大に評価するようになるので、バランスのとれた人生を送れなくなります。

学者のなかには、「性的欲求」があらゆる行動のベースになると主張している人たちもいます。その一方で、「胃腸」が一番大事な器官だと主張する人たちもいます。「古い記憶」も、その二つと同じくらい、人の人生を特徴づけるものではないでしょうか。

わたしのクライエントの一人に、いったい何のために高校に進学したのだろうと思うような少年がいました。何しろ彼は、いつも動いていたいタイプで、落ち着いて机に向かうことがありません。授業中に別のことを考えたり、しょっちゅう喫茶店に入ったり、友人の家に行ったりして、勉強すべきときに勉強しないのです。そんなわけで、わたしとしては、彼がどんな「古い記憶」を話してくれるか、興味津々でした。

彼はこう言いました。「僕は、ゆりかごのなかに横たわって、壁を見ていたことを覚えています。壁紙には、花や図形がたくさん描かれていました」。この少年は、ゆりかごに横たわる準備ができていただけで、試験を受ける準備はできていなかったのです。勉強に集中できなかったのは、いつも別のことを考えていたり、二兎を追おうとしていたからです。二兎を追う者は一兎も得られません。この少年は甘やかされて育ったため、一人ではがんばれなくなったと考えていいでしょう。

## 生まれたときから嫌われている子ども

では次に「嫌われた子ども」のケースを考えてみましょう。

このタイプの子どもはめったにいませんから、これは極端なケースと言えるでしょう。もし子どもが、生まれたばかりのころから嫌われていたら、生きることはできません。死んでしまうでしょう。通常は、子どもには親や乳母がいて、ある程度までは甘やかしてもらい、欲求を満たしてもらえます。「嫌われた子ども」は、非嫡出子〔法律上の婚姻関係がない男女のあいだに生まれた子ども〕や犯罪者の子ども、望まれなかった子どものなかに見られ、たいていの場合、落ち込んでいます。彼らの「古い記憶」のなかに、「自分は嫌われている」という気持ちが込められていることがよくあります。

たとえばある青年がこう話しています。「尻をぶたれたことを覚えています。母親に叱られ、非難されて、しまいには逃げ出しました」。そして、逃げている途中で、溺れかけたそうです。

この青年は、家から出ることができなくなったために、カウンセリングを受けに来ました。彼の「古い記憶」から、以前に家から出て、ひどく危険な目にあったことがわかりました。危険な目にあったことが記憶に刻み込まれ、外に出かけたときには、危険がないかと絶えず警戒するようになりました。彼は頭のいい子どもでしたが、テストで1番をとれないのではないかと、いつも恐れていました。

そんな調子でしたから、ためらってばかりで前に進むことができません。何とか大学に進学しますが、決められたやり方で、ほかの学生たちと競争することは無理なのではないかと恐れています。こうしたことすべてが、もとをたどれば、危険な目にあったという幼少期のできごとに行き着くのです。

もう一つの事例として、孤児のケースを紹介しましょう。彼はまだ1歳だったころに両親を亡くしました。くる病を患っていましたが、児童養護施設に入っていたため、十分な看護は受けられませんでした。だれにも面倒を見てもらえなかったのです。もっと大きくなってからは、友人や仲間を作ることがほとんどできませんでした。

わたしは彼の「古い記憶」を聞き出し、いつも「ほかの人が優先されている」と思っていたことがわかりました。そうした思いは、彼の成長に大きな影響を及ぼしました。「自分は嫌われている」といつも感じていたせいで、問題に向き合うことができなくなってしまったのです。そして問題から目をそむけ、恋愛や結婚、友だちづき合い、仕事といった、人生のさまざまな場面から目をそむけるようになりました。どの場面も仲間との接触が必要ですが、彼は「劣等感」を抱えていたために、そうした場面から逃げてしまったのです。

興味深い事例をもう一つ紹介しましょう。

慢性的な不眠を訴える中年男性のケースです。年齢は確か46歳か48歳。既婚で、子どももいました。彼はまわりのみんなを厳しく批判し、まわりの人たち、とりわけ自分の家族をつねに支配しようとしました。彼の振る舞いは、まわりのみんなを不幸な気分にさせました。

彼に「古い記憶」をたずねると、こんな答えが返ってきました。「わたしは短気な両親のいる家庭で育ちました。両親はいつもけんかをし、怒鳴り合っていたので、わたしは両親のことが怖くてたまりませんでした」。彼はほったらかしにされていたので、汚い姿で学校に行きました。

ある日、いつもの教師が学校を休むことになり、代理の教師がやって来ました。その女性教師は仕事熱心で、教師の仕事の可能性を信じていました。教師の仕事は、いい仕事、立派な仕事だと思っていたのです。そしてこの世話の行き届いていない少年に可能性を見出し、彼を励ますようになりました。彼にとって、そんなふうに扱われたのは生まれて初めてのことです。そのときから、彼は成長し始めましたが、自分は背中を押してもらっているという思いがつねにありました。自分が「人より優れている（上位に立っている）」とは思えなかったのです。

そこで彼は、毎日朝から夜中まで勉強しました。そうするうちに、夜中まで勉強したり、夜を徹して自分がやるべきことを考えたりすることが、習慣になりました。その結果、成果をあげるには、ほぼ一晩じゅう起きている必要があると思うようになったのです。

彼の「人より優れたい（自分が上位に立ちたい）」という欲求は、後年は、家族への態度やまわりの人たちへの言動に表れることになります。彼の家族は、彼よりも弱いですから、家族の前では自分を「勝者」のように見せることができました。当然ながら、彼の妻や子どもたちは、彼の勝者のような振る舞いに辟易したようです。

この男性の特徴をひと言で言うなら、「『人より優れること（自分が上位に立つこと）』を目指している人」と言えるでしょう。そういう人は、大きな劣等感を抱えています。また、極度に緊張するタイプの人にも、この男性のような人がよく見られます。

極度に緊張するのは、自分の成功を疑っているというサインです。その疑いは、「優越コンプレックス」を得ることで解消しますが、「優越コンプレックス」を得るというのは、実際には、人より優れているふりをすることです。わたしたちは、人に「古い記憶」を話してもらうことで、その人が置かれた状況をありのままに知ることができると言っていいでしょう。

# 第6章　「立ち振る舞い」が伝えること

## 立ち振る舞いから人を判断する

前の章では、人の「古い記憶」や思い込みを知ることで、その人の「ライフスタイル」が見えてくるということを説明しました。ただし、人の「古い記憶」を知ることは、その人のパーソナリティーを知るためのさまざまな手法の一つにすぎません。いずれの手法でも、パーソナリティー全体を把握するために、パーソナリティーの構成要素を把握するという形をとっています。

わたしたちは、「古い記憶」のほかにも、人の「立ち振る舞い」や「姿勢（考え方）」を観察することができます。人の「立ち振る舞い」には、その人の「姿勢（考え方）」が表れます。そして人の身体の「姿勢」には、わたしが「ライフスタイル」と呼んでいるものを構成する「人生に対する姿勢」が表れます。

それでは、まず「立ち振る舞い」の話をしましょう。

ご存じの通り、わたしたちは人の「立ち方」や「歩き方」「動き方」「自己表現のしかた」などから、その人を判断します。必ずしも意識的に判断しているわけではありませんが、そうしたものから受ける印象は、必ず、共感あるいは嫌悪感といった感情を生み出します。

たとえば、立っているときの姿勢について考えてみましょう。相手が子どもであれ大人であれ、まっすぐ立っているか、猫背になっているかはすぐにわかります。この場合は、判断するのはそれほどむずかしくはありません。ただし、極端なケースで考える必要があります。

たとえば、だれかが、あまりにもまっすぐに立って、背筋を伸ばせるだけ伸ばしていたら、わたしは、その姿勢をとるのにかなりの力を使っているのではないかと疑います。そして、その人は自分を大きく見せたがっているけれども、見かけほどには、自分に自信がないと判断します。つまり、「立っているときの姿勢」といったささいなものから、その人がいわゆる「優越コンプレックス」を抱いていることが見てとれるのです。彼は、実際よりも勇気があるように見せたがっています。力を使っていない、ありのままの自分以上の人間に見せたいと思っているのです。

その一方で、まったく逆の姿勢の人、つまり、背中を丸めて、いつもうつむいているように見える人もいます。そういう姿勢は、その人が臆病者であることを示していると、ある程度は言えるでしょう。

ですが個人心理学では、一つの事柄だけで判断せずに、必ず、別の判断材料を探すことにしています。ときには、この判断に間違いないと思うこともありますが、それでも、別の判断材料で裏づける必要があります。わたしたちは、自分にこう問いかけねばなりません。――背中を丸めている人はみんな臆病者だと、決めつけていいだろうか？　この人は「困難な状況」に陥ったときに、どうなるだろうか?

その人が、いつも何かに寄りかかろうとしている、たとえば、テーブルや椅子にもたれかかろうとしているなら、臆病者であることのもう一つの判断材料になるでしょう。寄りかかろうとするのは、自分の力を信じることができず、「支え（サポート）」が欲しいからです。

こうした「精神的な姿勢（考え方）」は、背中を丸めて立っている人にも見られます。ですから、背中を丸める動作と、寄りかかろうとする動作の両方が見られたら、「臆病者である」

という判断が裏づけられたと考えていいでしょう。

いつもサポートしてもらいたいと思っている子どもと、人に頼らない自立した子どもでは、「立ち振る舞い」が異なります。わたしたちは、子どもがどの程度自立しているかを、どんな姿勢で立っているか、人にどのように近づくかで判断できます。この場合は、判断に迷うことはないでしょう。判断を裏づける方法はいくらでもあるからです。そして判断が裏づけられたら、状況を改善して、子どもを正しい軌道に乗せるための対策を講じればいいのです。

たとえば、この子どもはサポートを欲しがっていると判断したなら、こんな実験を行ってみてはいかがでしょう。

まず、その子どもの母親に、部屋で椅子に座って待機してもらいます。次に、子どもに部屋に入ってもらいます。もし子どもが、ほかの人には目もくれず、まっすぐ母親のところに行き、母親や椅子に寄りかかったなら、その子どもはサポートを欲しがっているという判断が裏づけられたことになります。

子どもが人にどの程度近づくかを観察するのも面白いものです。どの程度近づくかで、子どもの「共同体感覚（まわりの人々への関心）」と「社会（まわりの人々）への適応」の程度がわかるからです。どの程度近づくかに、まわりの人々への信頼度が表れるのです。

また、みなさんが観察したら、まわりの人々に近づきたがらない人や、いつも人々から離れたところに立っている人は、ほかの面でも、遠慮がちであることに気づくでしょう。そういう人は、十分に話せないので、異常なほど黙っていることにも気づくでしょう。

## 離れた椅子に座る女性

こうした立ち振る舞いは、どれも一つの方向を指し示します。それは、人はだれもが一貫性のある存在で、人生の問題への反応のしかたも一貫しているからです。

では一例として、ある医師のところに治療を受けに来た女性のケースで考えてみましょう。医師は、女性が自分の近くの椅子に座るだろうと思っていました。ですが女性は、「どうぞ、お掛けください」と言われると、あたりを見回し、医師から離れた椅子に座りました。こうした振る舞いは、一人の人とだけ、つながりを持ちたいと思っている人に見られるので、彼女もそう思っていると考えられます。そして、彼女が既婚者であることがわかり、わたしはこの話の謎が解けました。

彼女は、夫とだけつながりを持っていたいのです。さらに、彼女は甘やかされるのを望んでいることや、夫にいつも時間通りに帰宅してほしいと思うようなタイプの女性であることも推測できます。彼女は一人でいると、大きな不安に見舞われるでしょうし、決して一人では、外出したり、人と会ったりはしたがらないでしょう。つまり、この女性の一つの「立ち振る舞い」から、その女性の全体像が見えてくるということです。とはいえ、この場合も、別の判断材料で裏づける必要があり、その方法はいくつかあります。

この女性が、わたしたちにこう言ったとしましょう。「わたしは不安でたまりません」。この言葉が持つほんとうの意味は、「不安」が相手を支配するための武器として使われることがあることを知らない限り、だれにもわからないでしょう。子どもであれ、大人であれ、「不安でたまらない」と言う人には、その人をサポートしている人がいると考えていいでしょう。

わたしは以前、自分たちは「自由な考え方の持ち主」だと主張する夫婦に出会いました。そういう人たちは、結婚していても、お互いが、自分がやったことを正直に話す限り、何をやってもかまわないと考えています。ですから、その夫婦の夫のほうは、何回か浮気をし、そのたびに妻に正直に話しました。妻のほうも、完全に納得しているように見えました。

ですが、その後、彼女は不安に見舞われるようになります。一人では外出しようとしません。夫はいつもつき添わねばなりません。こうして、その「自由な考え方の持ち主」たちも、

「不安」あるいは「恐怖症」によって考え方を変えることになりました。

なかには、いつも壁際にいたり、壁に寄りかかっていたりする人もいます。そうした振舞いは、勇気がない、自立できていない、というサインです。それでは、そうした臆病でためらいがちな人の「原型」について考えてみましょう。

学校で、とても「シャイ」に見える少年がいました。シャイであることは、まわりの人たちとつながりを持ちたくないという重要なサインです。少年は、友だちがおらず、いつも学校が終わるのを待ち焦がれていました。一日の授業が終わると、とてもゆっくり歩いて教室を出て、階段を下りるときは壁際を歩き、うつむきながら通りを急ぎ、家に飛んで帰ります。

彼はいい生徒とは言えませんでした。実際、学校のなかでは楽しいと思うことがなかったので、学校の勉強も非常に苦手でした。彼はいつも、母親のいる家へ帰りたいと思っていたのです。母親は夫と死別し、気弱で、彼をおおいに甘やかしていました。

少年のカウンセラーは、もっと事情を詳しく知ろうと、母親のところに話を聞きに行きました。彼は母親にこうたずねました。「息子さんは、夜、ベッドに入りたがりますか?」。母親は「はい」と答えました。「では、息子さんは夜泣きをしますか?」「いいえ」「では、おねしょをしますか?」「いいえ」。

カウンセラーは、少年の「原型」作りに誤りがあったと推測していたので、自分は思い違いをしていたのだろうかと悩みました。その挙句、こう結論づけました。「この少年は母親といっしょに寝ているにちがいない」。では、どうしてそんな結論に達したのでしょう?

まず、子どもが夜泣きするのは、母親の注意(配慮)を求めているからです。もし母親といっしょに寝ているなら、夜泣きをして母親を呼ぶ必要はありません。同様に、おねしょをするのも、母親の注意(配慮)を求めているからですが、母親といっしょに寝ているなら、おねしょで注意を引く必要もありません。カウンセラーが母親に確認したところ、自分の結論が正しいことがわかりました。

わたしたちが子どもを注意深く観察したら、このカウンセラーが目をつけたような小さなことが、その子どもの一貫した「ライフプラン」を構成していることに気づくでしょう。たとえば、わたしたちが子どもの「目標」――この少年の場合は、「いつも母親にかまってもらうこと」――に気づいたら、とてもたくさんのことを判断できます。「目標」がわかれば、その子どもが知的障害かどうかも判断できます。知的障害の子どもには、この少年のような賢いライフプランは作れないはずです。

## すぐあきらめる子ども

さて次は、「精神的な姿勢（考え方）」に目を向けましょう。

「精神的な姿勢」は人それぞれです。なかには、大なり小なり、攻撃的な人たちがいます。また、あきらめが早いタイプの人もいます。ですが、実際には、ほんとうにあきらめてしまう人はいません。そんなことはできないのです。それが人間というものです。正常な人間は、あきらめることができません。もしだれかがあきらめたように見えるなら、それは、その人の「（あきらめずに）続けたい」という思いが、一段と高まっているということです。

子どものなかには、すぐにあきらめたがるタイプの子どもがいます。そういう子どもは、たいていの場合、家族のなかでは注目の的になっています。まわりのだれもがその子どもを気にかけ、背中を押してあげ、悪いことをしないよう、さとさなければなりません。その子どもは、サポートされなければならず、まわりの人たちには負担をかけます。それは、その子どもが「人より優れること（自分が上位に立つこと）」を目標としているからです。その子どもは、「まわりの人たちを支配したい」という欲求を、「まわりの人たちに負担をかける」という形で表しているのです。

もちろん「人より優れること（自分が上位に立つこと）」を目標とするのは、すでに説明した通り、「劣等コンプレックス」があるからです。もしその子どもが自分の力に疑いを持っていなかったなら、そうした安易なやり方で成功を手に入れようとはしないはずです。

安易なやり方に走った例として、17歳の少年のケースを紹介しましょう。

彼は兄弟たちのなかで一番年上でした。前にお伝えしたように、一番上の子どもというのは、たいていは次の子どもが生まれたときに、両親の愛情を一身に集めるという立場を奪われて、つらい思いをしています。この少年もそれを経験しています。彼は、ひどいうつ状態に陥り、不機嫌で、職には就いていませんでした。そしてある日、自殺を図りました。

その後、カウンセリングを受け、ある夢を見たから自殺を図ったのだと説明しました。彼は父親を銃で撃つ夢を見たのです。わたしは、彼のような人——うつ状態に陥り、怠惰で、職に就いていない人——が、現状を変えるために可能なことをいつも頭に描いていることに気づいています。

また、学校で怠惰に過ごす子どもや、何もできないように見える怠惰な大人が、精神的な危機に瀕している恐れがあることにも気づいています。そうした「怠惰」は、表面的なものでしかないことが多いのです。そして、何かよくないこと——たとえば、自殺を図るとか、神経症や精神病を発症するなど――が起こって、精神的な危機が表面化するというわけです。そういう人たちの「精神的な姿勢」を突き止めるのは、至難の業になることもあります。

子どもが「シャイであること」も、もう一つの大きなリスクをはらむ特徴と言えるでしょう。シャイな子どもには、注意深く接する必要があります。シャイな性格を直さなければなりません。そうしないと、シャイな性格のせいで、その子どもの人生全体が狂うことになります。シャイな性格を直さない限り、大きな困難を抱えることになります。なぜなら、今の世のなかは、勇気のある人たちだけがいい結果を出し、優位に立てるようにできているからです。

勇気のある子どもが敗北を喫しても、たいしてダメージを受けませんが、シャイな子どもは、前方に困難が待ち受けていることに気づいたら、即座に「生きるのに役立たない道」に逃げ込みます。そういう子どもは、後年、神経症や精神病になるでしょう。

そういう人は、おびえた様子で過ごし、人といっしょにいるときには、言葉がつかえ、いずれ、しゃべろうとしなくなります。あるいは、人を完全に避けるようになります。

これまで「怠惰」や「シャイ」といった特徴について説明してきましたが、そうした特徴は「精神的な姿勢（考え方）」と言えます。「精神的な姿勢」は、生まれながらのもの、遺伝したものではなく、状況に対するリアクション（反応）にすぎません。

わたしに備わった「特徴」は、わたしの「ライフスタイル」が、わたしの目の前の問題に対する「統覚」に与えた「答え」なのです〔この一文から、人の「姿勢（考え方）」は、その人の「ライフスタイル」によって決まり、その人の「統覚」の一部になると、筆者は考えていたことがうかがえる〕。もちろんその「答え」は、必ずしも、哲学者が期待するような論理的な答えとは限りません。その答えは、わたしが、子どものころの経験や失敗を通じて学んだ「答え」だからです。

そうした「精神的な姿勢」がどのように築かれ、どんな働きをするかについては、正常な大人を観察するより、子どもや、異常のある大人を観察したほうがよくわかります。

前にもお伝えした通り、「ライフスタイル」は、「原型」の段階のもののほうが、その後のスタイルよりも、はるかに単純でわかりやすいのです。たとえて言うなら、「原型」は「熟していない果実」のようなもの。「熟していない果実」は、肥料や水、食料、空気といった、まわりにあるもののすべてを吸収します。それらのものを取り込んで、成長（成熟）することになるのです。

「原型」と「ライフスタイル」の違いは、「熟していない果実」と「熟した果実」の違いに似ています。人間は、「熟していない果実」の段階のほうが、はるかに心を開かせやすく、観察しやすいのです。そして「熟していない果実」で明らかになった事柄は、ほとんどが「熟した果実」についても当てはまります。

　また、たとえば、幼少のころから臆病な子どもの場合、その子どものすべての「姿勢」に「臆病さ」が表れます。ちなみに、「臆病で、勇気のない子ども」と「攻撃的でけんかっ早い子ども」には、とても大きな差があります。攻撃的な子どもは、必ず、ある程度の「勇気」を持っています。そして「勇気」は、いわゆる「共通感覚《コモンセンス》」が備わるにつれて、自然に身につくものです。ところが、ときにはひどく臆病な子どもが、何らかの場面で勇敢な「英雄」のように見えることがあります。そしてそう見えるのは、その子どもが最初から「英雄」になろうと意図しているからなのです。

　では、それがよくわかる例として、ある少年のケースを紹介しましょう。その少年は泳ぎ方を知りませんでした。ある日のこと、ほかの少年たちに「いっしょに泳ごう」と誘われて、泳ぎに行きました。泳ぎに行ったところはかなりの水深があったので、その泳げない少年は、危うく溺れるところでした。もちろん少年の行為は、ほんとうの「勇気」によるものではありませんし、完全に「生きるのに役立たない」行為です。この少年がそんなことをしたのは、称賛されたかったからです。確かに彼は、危険を顧みませんでした。ですが、まわりの人たちが助けてくれるだろうと期待して、危険を顧みなかったのです。

「勇気がある」とか「臆病である」といったことは、心理学的には、「(救済の)予定説〔人が救われるのは、人間の意志や能力によるのではなく、神の自由な恩恵にもとづくという聖書の教理〕」を信じていることとおおいに関係があると考えられています。「予定説」を信じると、生きるのに役立つことを行う能力に影響が出るのです。

「自分は救済される予定だ」と信じている人のなかには、優越感が非常に強く、自分は何でもできると思い込んでいる人たちがいます。彼らは、自分は何でも知っているから、何も学ぶ必要はないと考えています。そういう考え方をしていたらどんな結果になるか、みなさんもおわかりでしょう。

学校でそういう考え方をしている子どもは、たいていは成績がよくありません。また、なかには非常に危険なことをあえてやりたがる人たちもいます。彼らは、自分に悪いことが起こるはずはない、失敗するはずはないと考えているのです。そしてほとんどの場合、結果は凶と出ます。

こうした「自分は救済される予定だ」という考え方は、何かとてもひどい目にあったのに無事だった経験をした人によく見られます。たとえば、大きな事故に巻き込まれたのに、死なずに済んだといったような経験です。そういう経験をすると、自分は崇高な目的を目指す運命にあると思うようになります。では、そう思っていた男性の事例を紹介しましょう。

その男性は、自分は崇高な目的を達成する運命にあると思っていたものの、期待とは異なる結果となったつらい経験をしてからは、勇気を失い、うつ状態に陥りました。彼は、一番大事な心の「支え」を失ったのです。

彼に「古い記憶」をたずねたところ、大きな意味のあるできごとを話してくれました。彼は子どものころ、ウィーンの劇場に（劇を観に）行こうとしていました。ですがその前に、済まさなければならないことがありました。そしてようやく劇場に到着したら、火事が起きて、劇場は焼けてしまいました。何もかも焼失してしまったのに、彼は助かりました。そういう人が、自分は崇高な目的のために生かされていると思うのも無理はありません。

彼のその後の人生はすべてうまくいっていましたが、妻とうまくいかなくなって、挫折を味わいます。そして精神的にまいってしまったのです。

「運命」というものを信じることの意義については、言えることや書けることがいくらでもありそうです。運命を信じる気持ちは、個人だけでなく、民族や社会全体に影響を与えています。

ですが個人心理学者としては、心理が働くきっかけや「ライフスタイル」との関係を指摘するにとどめたいと思っています。「予定説」を信じると、生きるのに役立つ道で努力したり成功したりすることから、いろいろなやり方で臆病な逃避をすることになります。ですから、人の「自分は救われる」という思いは、いずれは、その人にとって間違った「支え」であることが判明することになります。

## なぜ人は人をうらやむのか

わたしたちの人間関係に影響する基本的な「(精神的な) 姿勢」の一つは、「うらやむ気持ち」でしょう。人をうらやむのは劣等感のサインです。ですが、そういう気持ちは、わたしたちのだれもが多かれ少なかれ持っています。

実際、その気持ちがそれほど大きなものではないなら無害ですし、ごく当たり前のものと言えるでしょう。とはいえ、わたしたちはだれかを「うらやむ気持ち」を生きるのに役立てるべきです。その気持ちを糧にして、仕事の場や私生活で、あるいは問題に直面したときに、結果を出すこともできるのです。ですから、わたしたちみんなに見られるような多少の「うらやむ気持ち」は、大目に見ることにしましょう。

一方、「嫉妬心」はもっと厄介で、危険な「（精神的な）姿勢」です。なぜなら、「嫉妬心」は生きるのに役立てることができないからです。嫉妬深い人が生きるのに役立つ道を歩めるはずがありません。

嫉妬するのは、根深く大きな「劣等感」を抱いているからです。

嫉妬深い人は、自分の妻や夫を自分に引きつけておくことができないのではないかと恐れています。ですから、そういう人は、自分の配偶者に何らかの影響を及ぼしたいと思った瞬間に、嫉妬心をあらわにして、自分の弱点をさらけ出してしまいます。

もし、わたしたちがそういう人の「原型」をのぞき込んだら、その人が「座を奪われた」という感覚を抱いていたことに気づくでしょう。実際、わたしたちが「嫉妬深い人」に出会うたびに、過去を振り返ってもらったら、その人が過去に座を奪われた経験があり、「また奪われるだろう」と思っていることがわかるでしょう。

これまで、一般的な「うらやむ気持ち」や「嫉妬心」についてお伝えしてきましたが、次は、特殊な種類の「うらやむ気持ち」——女性が、男性のほうが社会的に優位な立場にあることを「うらやむ気持ち」——について考えてみましょう。

世のなかには「男になりたい」と思っている女性や少女がたくさんいます。彼女たちがそういう「姿勢」になるのも無理はありません。確かに、公平な目で見たら、わたしたちの社会ではつねに男性が有利です。女性よりも男性のほうがつねに尊敬され、大事にされ、高く評価されています。それは、道義的に正しいことではありませんから是正しなければなりません。少女たちは、すでに気づいているのです。家のなかでは、男性や男の子たちのほうがはるかにいい思いをし、細かなことに煩わされずに済むことを。彼らのほうが、いろんな面で自由であることを。そして、そうした「男性のほうが自由だ」という思いがあるせいで、自分たちの役回りに満足できなくなっているのです。

そこで少女たちは、男の子のように振る舞おうとします。彼女たちはさまざまなやり方で、そうした「男の子のまね」をします。たとえば、男の子のような服を着ようとする少女もいます。確かに、男の子の服のほうが着心地がいいですから、これについては親の支持を得られることもあります。こうした「男の子のまね」のなかには、生きるのに役立つ行為もたくさんあり、そうした行為については目くじらを立てる必要はありません。ですが、役立たないものもあります。たとえば、少女が男の子の名前で呼ばれたがるケースです。そういう少女は、自分で男の子の名前を決め、その名前で呼んでくれない人がいたら、ひどく怒ります。

こうした「姿勢」が、ただの嫌がらせではなく、表面下にある不満を反映している場合は、とても危険です。そういう不満は、後年、女性の役回りに満足できないとか、結婚に嫌悪感を抱く、あるいは結婚している場合は、女性の「性役割（性別による分担）」に嫌悪感を抱く、といった形で表れることがあるのです。

女性たちが丈の短い服を着ているからといって文句を言うべきではありません。丈の短い服を着ることにはメリットがあるからです。

彼女たちにとっては、男性のように振る舞うことや男性のように職を持つことが性に合っているのです。ですが、彼女たちが女性の役回りに満足できず、男性の悪い習慣をまねようとするなら、それは危険な傾向です。

そうした危険な傾向は、思春期に表れます。「原型」が汚染されるのは、その時期だからです。少女の未熟な心が、男の子たちの特権をうらやむようになります。そして、男の子をまねたいという欲求を生み出します。男の子をまねるのは、「優越コンプレックス」によるもので、女性として成長することからの逃避なのです。

前にもお伝えした通り、男性をうらやむ気持ちは、恋愛や結婚への嫌悪感につながることがあります。ただし、結婚に嫌悪感を抱いている少女が、結婚したがらないわけではありません。わたしたちの社会では、結婚しないことは負け組であることのサインだとみなされるからです。そのため、結婚に興味のない少女でさえ結婚はしたいと思うのです。

みなさんが男女は平等だという考え方を男女関係のベースにしたいと考えているなら、そうした「男性的抗議」（アドラーが唱えた言葉で、「女性の役回りを拒否する姿勢」のこと）を推奨すべきではありません。男女は平等だという考え方は、世のなかのしくみに適合するでしょうが、そうした「男性的抗議」は、現実を見ない、やみくもな反抗でしかなく、結局は「優越コンプレックス」につながるからです。

実際、「男性的抗議」をすることで、さまざまな性機能（性的行為や性的反応）に悪影響が及び、障害が生じることがあります。深刻な症状を引き起こすこともあります。もしわたしたちが、そういう女性の過去をたどったら、「男性的抗議」は子どものころにスタートしたことに気づくでしょう。

少女のケースほど多くはありませんが、わたしは、「女の子のようになりたい」と思っている少年に出会うこともあります。

そういう少年がまねをするのは、普通の女の子ではなく、あからさまに異性を誘惑するようなタイプの女の子です。そういう少年は、おしろいを使ったり、花を身につけたり、うわついた女の子のように振る舞おうとしたりします。そうした行為も「優越コンプレックス」

# 興陽館の本

2020.8

ISBN 978-4-87723-260-3
1100円+税

## 孤独ぎらいのひとり好き

ひとり時間、なにしてます？
ハッピーになるための、孤独論。

---

## 病気も人生
### 不調なときのわたしの対処法

律儀に病気と
つきあわない。
人生は使い方次第。

ISBN 978-4-87723-250-4

## 88歳の自由

88歳、ひとり暮らし。
途方もない
解放感がある。

ISBN 978-4-87723-259-7

各1000円+税

株式会社 興陽館 〒113-0024 東京都文京区西片1-17-8 KSビル
TEL 03 (5840) 7820 FAX 03 (5840) 7954 https://www.koyokan

# 罪と罰

## ソーニャ、その哀しみと愛

## ひらはらしだれ

フョードル・ミハイロヴィッチ・ドストエフスキー 原作

『罪と罰』『貧しき人々』『地下室の手記』
ドストエフスキーの世界観を
ヴィジュアルに体現。

人間の罪とは何か？ 神は本当に存在するのか？

ISBN 978-4-87723-255-9
1000円+税

死んでも読みたいあの名作、
極限の愛の物語が
ひらはらしだれの繊細な筆致で完全漫画化！

# あの極限の文学作品を美麗漫画で読む。

## ひらはらしだれ

崎潤一郎／夢野久作／太宰治 、他 原作

ず男愛、フェチ愛、妄想愛、死体愛。
究極のエロスをヴィヴィッドに感じる！
『刺青』『縊死体』『人間失格』『外科室』

ISBN 978-4-87723-223-8
925円+税

総アクセス数4200万超のブログ
『ごんおばちゃまの暮らし方』主宰、ごんおばちゃまが
片づけの極意をご指南するベストセラーシリーズ。

**【普及版】**
**あした死んでもいい**
**片づけ 実践！**

片づけても片づけてもすぐ散らかる！ というあなたに…。本気の「最後の片づけ」方法をご指南！

ISBN978-4-87723-258-0
1000円+税

**しない片づけ**
**これをしないだけで部屋も心もすっきり！**

無駄な習慣をやめれば、無駄な片づけが減る。"しない"だけで家がきれいになる、超簡単片づけ術！

ISBN978-4-87723-252-8
1200円+税

**【普及版】**
**あした死んでもいい**
**片づけ**

ベストセラーシリーズの原点が全書判で登場！ ごんおばちゃまが片づけの極意を伝授。

ISBN978-4-87723-244-3
1000円+税

**あした死んでもいい**
**身辺整理**

「身辺整理」のやり方、教えます！ いつ死んでも悔いのないように、毎日を気持ちよく暮らしましょう。

ISBN978-4-87723-227-6
1200円+税

**あした死んでもいい**
**30分片づけ**

『すっきり！ 幸せ簡単片づけ術』を、大幅リニューアル。一日30分この一冊で片づけがどんどん進みます。

ISBN978-4-87723-219-1
1200円+税

**あした死んでもいい**
**暮らしかた**

大人気「あした死んでも」シリーズ第3弾！ 地震、災害、病気、「まさか」があっても、この一冊があれば大丈夫。

ISBN978-4-87723-214-6
1200円+税

## ごんおばちゃま

イラスト：
伊藤ハムスタ

## スキルアップする！

### 本は読んだらすぐアウトプットする！
**齋藤 孝 著**

読んだら絶対忘れない！ 読むだけでスキルが身につく！ 文学・読書の大家、齋藤孝先生の「読書の技法」集大成！

ISBN 978-4-87723-240-5　1300円＋税

### すぐ使いこなせる知的な大人の語彙1000
**齋藤 孝 著**

言葉の伝道師・齋藤孝先生が「漢熟語」「季節の言葉」「俳句」等からすぐに使える「語彙1000」を紹介。

ISBN 978-4-87723-229-0　1300円＋税

### 東大勉強力 大人もこの方法で結果が出せる
**齋藤 孝 著**

東大OBの齋藤先生が究極の勉強法を大公開！ あらゆる試験に受かる！ 大人も成果を出せる！

ISBN 978-4-87723-249-8　1300円＋税

### これからを生きるための無敵のお金の話
**ひろゆき（西村博之） 著**

「お金の不安」が消える！ 2ちゃんねる、ニコニコ動画他の西村博之がおくるお金とのつきあい方の極意。

ISBN 978-4-87723-237-5　1300円＋税

### 秒で見抜くスナップジャッジメント
**メンタリストDaiGo 著**

「外見」「会話」「持ちもの」を視れば、相手の頭の中がすべてわかる！ 人間関係、仕事、恋愛、人生が変わる！

ISBN 978-4-87723-228-3　1400円＋税

## とっておきの一冊を！

### 夜を灯して
**西造／世叛 著**

夜の灯りに照らされた愛と死の物語とは!? 次世代ファンタジー・コミックの新鋭の作品集。

ISBN 978-4-87723-203-0　830円＋税

### もう一度あいたい せつなすぎる よしまさこ蔵出しベスト
**よしまさこ 著**

涙がでるような魔法の物語。短編の名手、よしまさこの単行本未収録を含む珠玉の5作品。

ISBN 978-4-87723-205-4　925円＋税

### 魯山人の和食力
**北大路魯山人 著**

伝説の天才料理家が伝授する超かんたん、極上レシピ集！ 誰も知らない和食の秘密、美味さの真髄とは？

ISBN 978-4-87723-257-3　1000円＋税

### 退職金がでない人の老後のお金の話
**横山光昭 著**

貯金ゼロ、年金しょぼしょぼ、退職金なしでも大丈夫！ 絶望老後を迎える〝あなた〟の不安を解消します！

ISBN 978-4-87723-248-1　1200円＋税

### 眼科医が選んだ目がよくなる写真30
**本部千博 著**

クイズ形式の写真を見て目力のトレーニング！ 簡単に、楽しく、「見る」力がつきます！

## 生と向き合う

### なぜ心は病むのか
**アルフレッド・アドラー 著　長谷川早苗 訳**

心に不安を抱えている人は、必ず「あまやかされた」子ども時代を送ってきた。アドラーの原書翻訳シリーズ。

ISBN 978-4-87723-242-9　1600円＋税

### 生きる意味
**アルフレッド・アドラー 著　長谷川早苗 訳**

生きることの意味とは何か？ 子どもの心が正しく成長するために大事なことは？ アドラー心理学の全容がここに。

ISBN 978-4-87723-232-0　1700円＋税

### 人間の本性
**アルフレッド・アドラー 著　長谷川早苗 訳**

人間の本性を知れば、世界は驚くほどシンプルだ。アドラーの代表作『Menschenkenntnis』待望の新訳。

ISBN 978-4-87723-251-1　1500円＋税

### 性格の法則
**アルフレッド・アドラー 著　長谷川早苗 訳**

心理学の巨匠の性格論。野心家、嫉妬深い人、不安にかられる人。あの人はなぜ、そうなったのか？

ISBN 978-4-87723-256-6　1500円＋税

### 孤独は贅沢
**ヘンリー・D・ソロー 著　増田沙奈 訳**

静かな一人の時間が、自分を成長させる。お金もモノも友達もいらない。本当の豊かさは「孤独の時間」から――。

ISBN 978-4-87723-215-3　1000円＋税

## 自分の生き方がわかる一冊を！

### 自信
**ラルフ・ウォルドー・エマソン 著　大間知知子 訳**

トランプ、オバマも愛読する人生の手引書。どんな場所にいようとも、自分を強くする力を説く。

ISBN 978-4-87723-224-5　1100円＋税

### 孤独がきみを強くする
**岡本太郎 著**

孤独は寂しさじゃない。孤独こそ人間が強烈に生きるバネだ。たったひとりのきみに贈る岡本太郎の生き方。

ISBN 978-4-87723-195-8　1000円＋税

### 群れるな
**寺山修司 著**

「ふりむくな、ふりむくな、後ろに夢はない。」生を見つめる「言葉の錬金術師」寺山のベストメッセージ集！

ISBN 978-4-87723-218-4　1000円＋税

### 【普及版】年をとってもちぢまないまがらない
**船瀬俊介 著**

「背ちぢみ」「腰まがり」「脊柱管狭窄症」も筋トレで治る！「骨力」は「筋力」！ 筋肉を鍛えろ！ 背筋を伸ばせ！

ISBN 978-4-87723-254-2　1100円＋税

### 60（カンレキ）すぎたら本気で筋トレ！
**船瀬俊介 著**

筋肉力は、生命力だ！「筋肉」が強いヤツほど、若々しい。70歳で細マッチョが伝授する筋力トレーニング。

の表れと考えていいでしょう。

そうした少年の多くは、女性が先頭に立っていた環境で育っています。その結果、父親ではなく、母親の特徴をまねるようになります。

以前、一人の少年がわたしのところにカウンセリングを受けに来ました。ちょっとした性的な問題を抱えているということでした。話を聞いてみると、彼はいつも母親といっしょでした。父親は、家ではまったく影が薄かったようです。

母親は、結婚前は洋服を仕立てる仕事をしていたので、結婚後も、仕立ての仕事をいくらか引き受けていました。いつも母親のそばにいた少年は、母親が仕立てる服に興味を持つようになりました。彼は縫いものを始め、女性用のドレスなどの絵も描くようになります。

少年の母親への関心がどれほど高かったかを物語るエピソードがあります。彼は4歳で時計を読めるようになりました。それは、母親が決まって4時に出かけ、5時に帰ってきたからです。彼は母親の帰りを待ち焦がれていたので、時計の読み方を覚えたというわけです。

少年は、学校に通うようになると、女の子のように振る舞います。スポーツやゲームの仲間には一切加わりませんでした。まわりの男の子たちは彼を笑いものにし、ときには彼にキスをすることもありました。男の子たちは、彼のような男の子に対して、よくそういうことをするのです。

　ある日、クラスで劇を披露することになりました。その劇のなかで、彼は、みなさんのご想像通り、女の子の役を演じました。そして、あまりにも上手に演じたので、観客の多くは、彼をほんとうの女の子だと思ったそうです。観客のなかの一人の男性などは、彼に恋してしまったほどでした。こうして彼は、たとえ男性として評価してもらえなくても、女性としてなら、おおいに評価してもらえると思うようになりました。これが、のちの性的な問題の発端だったのです。

# 第7章「夢」にはどんな意味があるのか

## その人の「夢」を推測する

個人心理学では、これまで何度かお伝えしたように、「意識」と「無意識」が一つの一貫性のある領域を作り上げていると考えます。

これまでの二つの章では、「意識」の領域——記憶、姿勢、立ち振る舞い——について、「パーソナリティー全体を構成する部分」という観点から解釈してきました。次は、そのときと同じ手法で、「無意識」あるいは「半意識」の領域——夢の中——について解釈してみましょう。

同じ手法を使うのは、夢のなかにいるときも、目覚めているときも、「一つの全体を構成する部分」だからにほかなりません。心理学のほかの学派では、絶えず、夢についての新しい見方を見つけようとしていますが、個人心理学では、内面の表れとみなせるさまざまな要素を、全体を構成する「部分」として解釈するときと同じように、夢についての理解を深めてきました。

わたしたちの目覚めている時間の過ごし方が、「人より優れる（自分が上位に立つ）」という目標によって決まるのと同じように、どんな夢を見るかも、「人より優れる（自分が上位に立つ）」という個人的な目標によって決まります。夢には「ライフスタイル」が反映され、「原型」も反映されます。

実際には、みなさんが、「夢」が「原型」を反映していることに気づいたときに、初めて、夢を完全に理解できたと確信するのではないかと思います。また、みなさんがよく知っている人については、その人の「夢」の性質も、ほとんど間違わずに推測できるでしょう。たとえば、わたしは「人間というものは、実は臆病だ」ということに気づいています。この一般的事実から、夢の大多数は「怖い夢」や「危険な夢」「不安な夢」になると推測することができます。

また、わたしがよく知っている人が「人生の問題から逃げること」を目標としていることに気づいたなら、その人は、自分が「落下する夢」をよく見るだろうと推測します。

そういう夢は、「前に進んではいけない。進んだら、あなたは失敗する」という警告のようなものです。その人は、将来に対する見方を、そういう形で――落下することで――表したのです。大多数の人は、こうした「落下する夢」を経験しています。

具体的な例として、試験の前日の学生のケースで考えてみましょう。わたしたちはその学生が「あっさりと投げ出すタイプ」であることを知っているとしましょう。わたしたちは、そういう日に彼がどうなるかを推測できます。彼は、一日じゅう心配でたまらず、集中することができません。しまいには、こうつぶやきます。「時間があまりにも足りない」。彼は「試験が延期になること」を望みます。

そして彼は、この日も「落下する夢」を見ることになるでしょう。この夢は、彼の「ライフスタイル」を表しています。つまり、彼が目標（望み）を達成するには、こうした夢を見る必要があったということです。

次に、別の学生――勉強がはかどった学生――のケースで考えてみましょう。この学生は勇気があり、やみくもに恐れず、言い訳をすることはありません。わたしは、彼の夢も推測することができます。試験の前には、こんな夢を見るでしょう。――高い山に登っている。

そして頂上からの眺めに心を奪われている。――ここで、彼は目が覚めます。

こうした夢は、彼の今の人生を表しています。そしてこの夢が、彼が何かを「達成すること」を目標としていることを示していると考えていいでしょう。

また世のなかには、自分の限界を決めてしまい、ある程度のレベルまでしか進めない人もいます。そういう人は、「限界」についての夢や、問題や人々から逃げることができない夢を見ます。また、追いかけられたり、追い詰められたりしている夢もよく見ます。

次の夢の話に入る前に、一つお伝えしておきましょう。

個人心理学のカウンセラーは、クライエントにこう言われても、決してがっかりしません。「夢のことは覚えてないので、お話しできません。でも、わたしが空想のなかで夢見ることなら、いくつかお話しできますよ」。カウンセラーは、人の想像力は、その人の「ライフスタイル」に沿ったことしか生み出せないことをわかっているのです。つまり、クライエントが想像するものや、空想のなかで夢見ることには、その人の「ライフスタイル」が表れるというわけです。ですから、カウンセラーにとっては、このクライエントが空想する夢は、思い出した夢と同じくらい判断材料になるのです。

人が空想することは、その人の人生に実際にあったできごととは限りません。それでも、その人の「ライフスタイル」は表れるものです。たとえば、現実の世界よりも空想の世界にいることのほうが多い人もいます。

そういう人は、日ごろはとても臆病なのに、夢のなかではとても勇敢です。ですが、そういう人には、仕事をやり遂げる気がないことを示すサインが必ず見つかるものです。そして、そういうサインは、その人の勇敢な夢のなかでさえ、はっきり表れることになるのです。

「夢」の目的は、「人より優れる（自分が上位に立つ）」という目標――つまり、何らかの形で「人より優れる（自分が上位に立つ）」という個人的な目標――を達成するための道を開くことです。人のさまざまな「症状」や「立ち振る舞い」「夢」は、どれもそうした頭を占めている目標――その目標は「注目の的になること」の場合もあれば、「支配すること」、あるいは「逃げること」の場合もあります――を達成する道を見つけるための、一種の訓練なのです。「夢」の目的は、論理的な形でも、ありのままの形でも、表に出ることはありません。「夢」は、何らかの感情、あるいは気分、興奮を生み出すためのものですが、あいまいな点を完全に解明するのは不可能なのです。ですが、夢を見ているときと目覚めているときでは、感じ方や身体の動きの「程度」が異なるだけで、本質が異なるわけではありません。

前にもお伝えしたように、人生の問題に対する心の反応は、その人の「ライフスタイル」

に応じたものになります。そうした反応は、論理という、あらかじめ決まっている枠組みには当てはまりません。

とはいえ、心理学では、そうした心の反応を論理の枠組みに当てはめて、対人関係に活かすことを目指してはいます。わたしたちが、「目覚めている状態」に対する固定観念を捨てたら、夢というものに対する謎も解けるものです。「夢」のなかでは、目覚めているときに見られるのと同じような「事実と感情の関係」や、同じような「事実と感情の組み合わせ」が、さらに誇張した形で見られます。

## 夢は「予言」なのか

歴史を振り返ってみると、未開の部族の人々にとっては、「夢」はつねに謎めいたものだったようで、彼らはたいていの場合、「夢」を予言的に解釈してきました。「夢」は、これから起こるできごとを予言するものと、とらえていたのです。それについては、「半分正しい」ということになるでしょう。

確かに「夢」は、夢を見る人にとって、直面している問題を解決して目標の達成へと導く

「架け橋」になることがあります。その意味では、「夢」で見たことが実現することもよくあります。それは、夢を見る人が、夢を見ているあいだに自分の役割を練習し、そうすることで、その夢が実現する準備をするからです。

別の言い方をするなら、夢で見たことと目覚めているときのできごとは、相互に関連性があるとも言えるでしょう。知識があって読みの鋭い人なら、自分の夢を分析しようが、目覚めているときの状況を分析しようが、将来を予測することができるでしょう。そういう人が行うのは「診断」なのです。

たとえば、知人が亡くなった夢を見たあとに、その知人が実際に亡くなったとしても、その人の死は、医者やその人の身近な家族にも予測できたことかもしれません。夢を見ている人は、眠りながら考えているのであって、目覚めながら考えているわけではないのです。「夢は予言だ」という考えは、ある程度は正しいからこそ、「迷信」と言っていいでしょう。その考えを信じている人は、たいていは、ほかの迷信も信じているものです。あるいは、まわりの人々に「自分は予言者である」という印象を植えつけて、自分を重視させたい人が、「夢は予言だ」という考えを提唱することもあるでしょう。

「夢は予言だ」という迷信や、夢というものにつきまとう不可解さを払いのけるには、なぜほとんどの人が自分の夢の意味を理解できないのかを、説明する必要があるでしょう。その答えは、「ほとんどの人は、目覚めているときでさえ、自分のことがわかっていない」という現実をお伝えすれば、わかっていただけるのではないでしょうか。

自分自身を深く分析する能力があり、自分は今どこに向かっているのかと自分に問いかけられる人は、ごくわずかしかいません。ですが、夢を分析するのは、前にもお伝えした通り、目覚めているときの言動を分析するより、複雑でわかりにくい作業なのです。ですから、「夢の分析」がほとんどの人の力量を超えているとしても不思議ではないですし、自分では分析できないせいで、いかさま師に頼ったとしても不思議ではないのです。

「夢」の論理を理解するには、夢を、正常な人が目覚めているときの言動と直接比べるより、これまでの章で「個人的な（自分だけの）考えの表れ」として紹介してきたような現象と比べたほうがうまくいきます。読者のみなさんは、犯罪者や問題児、神経症の人たちの「（精神的な）姿勢」についての話を覚えているでしょうか。彼らは、事実を自分に納得させるために、ちょっとした感情や、気分、興奮を生み出します。

たとえば、殺人を犯す人はこう言って自分の行為を正当化します。「この世に、こいつのための場所はない。だから、おれが殺してやる」。この殺人犯は、頭のなかで、「この世に場所がない」という考えを強調することで、殺人の準備（心構え）になるような「感情」を生み出しているのです。

そういう人は、「〇〇君はカッコいいズボンを持っているのに、おれは持ってない」と主張することもあります。このタイプの人には、「カッコいいズボンを持っている」といったまわりの人たちの状況がとてもよいものに見えて、うらやましくてたまらないのです。そしてその人の「人より優れる」という目標は、「カッコいいズボンを手に入れること」になり、その人の見る夢は、その目標の実現につながる「感情」を生み出す夢になるでしょう。

実際、そういう例が、いくつかの「有名な夢」にも見られます。その一つは、旧約聖書に描かれているヨセフの夢です。ヨセフは、ほかの兄弟全員が自分にひれ伏す夢を見ました。この夢は、ヨセフを兄弟のだれよりもかわいがった父親からもらったきれいな上着のエピソードすべてと関係があり、この夢が一因となって、やがては兄弟たちから追放されます。

〔旧約聖書の「創世記」第37章3～8に次のような記述がある。
3　イスラエルは、ヨセフが年寄り子であったので、どの息子よりもかわいがり、彼には裾の長い晴れ着を作ってやった。4　兄たちは、父がどの兄弟よりもヨセフをかわいがるのを見て、ヨセフを憎み、穏やかに話すこともできなかった。5　ヨセフは夢を見て、それを兄たちに語ったので、彼らはますます憎むようになった。6　ヨセフは言った。「聞いてください。わたしはこんな夢を見ました。7　畑でわたしたちが束を結わえていると、いきなりわたしの束が起き上がり、まっすぐに立ったのです。すると、兄さんたちの束がまわりに集まって来て、わたしの束にひれ伏しました」。8　兄たちはヨセフに言った。「なに、おまえが我々の王になるというのか。おまえが我々を支配するというのか」。兄たちは夢とその言葉のために、ヨセフをますます憎んだ。〔新共同訳〕

ヨセフはその後、兄たちによって隊商に奴隷として売られた。隊商によってエジプトに連れて来られたヨセフは、そこで大きな成功を収め、「兄弟全員が自分にひれ伏す」という夢が現実のものとなる〕

もう一つの「有名な夢」として、古代ギリシャの詩人シモーニデース〔紀元前556年頃～468年〕の夢が挙げられるでしょう。

シモーニデースは、小アジア〔現在のトルコ西部から中部〕に招待され、講演を行うよう依頼されました。しかし彼は二の足を踏み、船が港で彼を待っていたにもかかわらず、出発を先延ばしにし続けました。友人たちは彼を出発させようと働きかけましたが、効果はありません。そんなある日、シモーニデースは夢を見ました。彼が以前に、森で死んでいるのを見つけた男が夢に現れ、こう言ったのです。「あなたはとても敬けんで、わたしを手厚く葬ってくれたので、今度はわたしがあなたに忠告します。小アジアには行かないでください」。シモーニデースは目を覚まし、こう言いました。「わたしは行かないことにする」。

ですが彼は、夢を見る前から、すでに「行かない」ほうに気持ちが傾いていました。彼は夢のなかで、すでに到達していた結論を裏づけるための感情あるいは興奮を生み出しただけなのです。とはいえ彼は、そうした自分の夢の働きを理解してはいませんでした。

もしみなさんが夢の働きを理解したら、人が自分を欺くための空想の夢（白昼夢）を作り上げ、その夢を通じて、望んでいる気分や感情を味わっていることも理解できるのではないでしょうか。空想の夢の内容は覚えておらず、そのときの気分や感情しか覚えていないことがよくあります。

このシモーニデースの夢の意味を解釈するうえで大事なことを、もう一つお伝えしておきましょう。それは、「夢を見る」というのは、人の創造力の一部だということを頭に入れておく必要があるということです。

シモーニデースは、夢を見ながら創造力を発揮し、一つのストーリーを組み立てたのです。彼は「死んだ男」の話を選びました。では、この詩人が、それまでの数ある経験から、その男に出会った経験を選んだのは、なぜでしょう？　それは、明らかに、シモーニデースが「死」というものに大きな関心を抱いていたからです。

「死」に関心を抱いたのは、航海の旅が怖かったからでしょう。当時の航海は危険と隣り合わせでした。だから彼は二の足を踏んだのです。航海の旅に二の足を踏むというのは、おそらく船酔いを恐れていたこと、そして、船が沈没するのを恐れていたことのサインです。彼が「死」を気にしていた結果として、彼の夢は「死んだ男」のエピソードを取り上げたのです。

こんなふうに夢について考えていけば、夢の解釈もそれほどむずかしくはなりません。覚えておいてほしいのですが、人が夢にどんな光景、どんな記憶を選び、どんなストーリーを組み立てるかは、その人の心がどこに向かっているかを知る手掛かりになります。夢で何を選んだかがわかれば、その人の傾向（性向）がわかり、最終的には、その人が実現したいと思っている「目標」を知ることができます。

一例として、ある既婚男性の夢について考えてみましょう。その男性は家庭生活に満足していませんでした。子どもが二人いましたが、妻が子育て以外のことに関心を持ちすぎて、子どもたちの面倒を見ないのではないかと、いつも心配しています。この男性は、そうしたことについていつも妻を批判し、態度を改めさせようとしています。ある晩、三人目の子どもができた夢を見ました。

その子どもは迷子になり、探しても見つかりません。彼は、妻がその子をしっかり見ていなかったせいだと彼女を非難しました。

この夢に彼の傾向（性向）が表れています。つまり、彼は二人の子どものうちのどちらか一人が、迷子になるのではないかと思っているのですが、子どもの一人をこの夢に登場させるほどの勇気はありません。それで、三人目の子どもを作り出し、迷子にしたのです。

この夢からは、ほかにもわかることがあります。それは、彼が子どもたちのことが大好きで、迷子になってほしくないと思っていること、それから、子どもが二人でも妻には負担がかかりすぎているので、三人の子どもを育てるのは無理だろうから、三人目ができても死んでしまうだろうと思っていることです。

これらのことから、彼の夢の別の側面が見えてきます。つまり、彼の夢を解釈すると、彼は「三人目の子どもを作るべきか、やめておくべきか？」と考えている、というように読み取れます。

この夢が実際には、彼にどんな結果をもたらしたでしょうか。彼には、妻への反感が生まれました。実際にはだれも迷子になっていないのに、朝起きたら、妻に怒りを覚え、彼女を非難したのです。

人が朝起きたとたんに、けんか腰になったり、だれかを怒ったりすることがよくありますが、それは、夢によって生み出された「感情」のせいなのです。そんなときは、酔いしれた状態になったようなものです。また、うつ病の患者が、敗北や死、すべてを失ったといったことに囚われているときの状態にも、似ているように思います。

またこの男性の夢からは、彼が「自分のほうが優れている」と確信できるトピックを選んでいることもわかります。たとえば、彼はこう思っています。「わたしなら子どもたちに注意を払える。でも妻にはできない。だから子どもが迷子になった」。こうした形で、彼の「より優位に立とうとする」傾向が彼の夢から明らかになるというわけです。

現代的な「夢の解釈」は、25年ほど前から行われていました。

まず、フロイトが、人は「夢」を通じて、幼児期の「性的願望」を満たすと考えました。わたしはその考えには賛同できません。なぜなら、もし「夢」を通じて、そうした願望を満たせるなら、すべての夢に満足感が表れていいはずだと思うからです。性的願望に限らず、どんな「考え」も、「潜在意識」という奥深い領域から「意識」にのぼります。ですから、性的願望を満たせるという主張には、とくに根拠があるとは思えません。

フロイトはのちに、性的願望のほかに、「死への願望」も含まれるのではないかと考えました。ですが、先ほどの男性の夢は、それでは説明できないことは確かです。父親が、子どもが迷子になったり、死んだりするのを望んでいるとは、とうてい考えられません。

## 夢の意味とは何か

実際には、夢とはこういうものだという「決まった形」はありません。どの夢にも共通することがあるとしたら、これまでお伝えしてきた、「夢にはライフスタイルが表れる」とか、「夢が何らかの感情を生み出す」といったことになるでしょう。

夢が感情を生み出し、そうすることで、一種の「自己欺瞞」（自分の良心や本心に反しているのを心のどこかで知りながらも、それを正当化すること）を行いますが、そうした自己欺瞞には、さまざまな形のものがあります。たとえば、「たとえ」や「メタファー」（「メタファー」も「たとえ」の一種で、「たとえば」とか「～のような」といった言葉を使わないもの。例「雪の肌」（＝白い肌のこと）、「人生はドラマだ」など）を好んで使うのも、自己欺瞞の表れです。

実際、「たとえ」を使うのは、自分や他人を欺く、とても効果的な手段の一つです。なぜなら、だれかがあなたに「たとえ」を使ったとしたら、その人は、ほんとうは、現実や論理をあなたに納得させる自信がないと、考えていいからです。その人は、意味のない、こじつけのような「たとえ」を使って、あなたに影響を及ぼしたいといつも思っていると言えるでしょう。

詩人たちだって、「たとえ」や「メタファー」を使って欺きますが、彼らは楽しそうに欺きます。そしてわたしたちのほうも、彼らのメタファーや詩的なたとえを楽しんでいます。ですが、詩人たちが、「たとえ」や「メタファー」を使って、通常の表現を使うよりも、わたしたちに大きな影響を与えたいと思っていることは、間違いないでしょう。

たとえば、吟遊詩人ホメロス〔紀元前8世紀末の古代ギリシャの吟遊詩人。英雄叙事詩『イリアス』と『オデュッセイア』の作者とされている〕が、「ギリシャ兵の軍勢が、ライオンのごとく野原を駆け抜けた」と述べたとしましょう。深く考えなければ、このたとえは、わたしたちを欺いているようには思えません。ですが、わたしたちが詩的な気分に浸っているときには、確実にこのたとえに酔いしれるでしょう。こうしてこの詩人は、わたしたちに、「彼はすばらしい表現力を持っている」と思い込ませるのです。もしホメロスが、たんに、兵士はこんな服を着ていたとか、こんな武器を持っていたなどと描写しただけだったら、そうはいかなかったでしょう。

同じことが、ものごとをうまく説明できない人にも言えます。そういう人は、自分は相手を納得させることができないと気づいたら、「たとえ」を使うことになるでしょう。

そんなふうに「たとえ」を使うのは、前にもお伝えした通り、自分を欺くためです。だからこそ、夢のなかに選択された光景や映像が、何かをたとえていることが多いのです。それが、自分を酔いしれさせるための巧妙な手段なのです。

そして興味深いことに、夢が感情的に酔いしれた状態を生み出すという事実が、夢を見ないようにする方法を示唆しています。人は、自分が何についての夢を見ているかがわかり、自分が酔いしれていたことに気づいたら、夢を見るのをやめるものです。夢を見ても、意味がないと思うようになるのです。少なくとも、今のわたしはそうです。わたしは、夢を見ることが何を意味するかに気づいたとたんに、夢を見なくなりました。

ちなみに、夢の意味に気づいて夢を見なくなるには、気づくと同時に、感情的な変化を遂げる必要があります。わたしの場合は、最後に夢を見たときに、それが起こっています。わたしが最後に夢を見たのは戦争中のことでした。

わたしは仕事の関係で、ある兵士が、危険な地域の前線に送られないで済むよう、力を尽くしていました〔アドラーは第一次大戦中に軍医を務めていた〕。すると、夢のなかで、自分がだれかを殺したことに気づきました。でもだれを殺したのかはわかりません。そんな夢を見たので、わたしは「いったいだれを殺したのか」と考え込み、具合が悪くなってしまいました。

ですが、実際には、「わたしはあの兵士が、最も死なないで済むような持ち場につけるよう、できる限りの努力をしているのに」という思いにただ酔いしれていただけだったのです。夢のなかでの感情が、そうした思いにつながったのですが、その夢が、わたしが仕事を達成するための策略であることに気づいたとき、わたしはまったく夢を見なくなりました。やる必要があるかないかを論理的に判断するような仕事を達成するのに、自分を欺く必要なんてないからです。

今お伝えしたようなことが、「一部の人が、まったく夢を見ないのはなぜですか?」という、よく質問される問いへの答えになるでしょう。夢を見ないのは、自分を欺きたくない人たちです。そういう人たちは、活動することや論理を重視し、問題に立ち向かいたいと思っています。そういうタイプの人は、たとえ夢を見たとしても、すぐに忘れてしまいます。

あまりにもすぐに忘れるので、「夢は見ていない」と思い込みます。

これに関連する説として、「わたしたちは必ず夢を見るが、そのほとんどを忘れてしまう」というものがあります。ですが、もしこうした学説を受け入れたとしたら、先ほどの「一部の人がまったく夢を見ない」という事実について、別の解釈をすることになります。つまり、そういう人たちは、夢を見るけれども、いつも忘れてしまう人たち、ということになってしまいます。ですから、今のわたしは、そうした学説には賛同できません。

夢を見ない人は存在しますし、夢を見て、それを時々忘れる人もいると思っています。こうした学説の性質上、わたしが反証するのはむずかしいのですが、たぶん立証する責任は、この学説の提唱者たちの側にあると思います。

では、なぜわたしたちは、同じ夢を繰り返し見るのでしょう? これは興味深い事実ですが、その原因を明確に説明することはできません。ですが、「繰り返される夢」のなかには、夢を見た人の「ライフスタイル」がはるかに明確に表れているものです。

ですから、わたしたちは、だれかの「繰り返される夢」を知ることで、その人の「人より優れる(自分が上位に立つ)」という目標が、具体的には何であるかを、かなり正確に突き止めることができます。

人は「長い夢」を見ることがあります。そんなときは、その人が、問題を解決する準備が十分にできていないと考えていいでしょう。その人は「問題」から「目標達成」への「架け橋」を探しています。そのことから、逆の「短い夢」を見るときについても理解できるのではないでしょうか。

ときには夢が、一つの光景や、少しばかりの言葉だけで構成されることもあります。そういう夢を見る人は、自分を欺くための「近道」を見つけようとしていると考えていいでしょう。

## 「眠り」とはどういう状況か

では、この章の最後に、「眠り」のことに触れておきましょう。世のなかには、「眠り」について、必要以上に問題を抱えている人がたくさんいます。そういう人たちは、「眠っている」の反対は「起きている」で、「眠っている」ときは「死んでいる」状態に近いと思っていますが、それは間違いです。

「眠っている」のは「起きている」の反対ではなく、むしろ、多少は起きているのです。それに、わたしたちは眠っているときでも、生命活動をやめているわけではありません。むしろ眠っているあいだも、考えたり、聞いたりしています。そして眠っているときにも、たいていは起きているときの傾向と同じものが表れます。

たとえば、眠っていたら、通りの騒音くらいでは目を覚まさない母親たちが、隣に寝ている子どもがちょっと動いただけで、すぐに飛び起きたりします。そのことから、彼女たちが起きているときの関心事がわかります。また、わたしたちが眠っていてもベッドから落ちないという事実から、眠っているときも「制限」があることに気づいていることがわかります。

人のパーソナリティーは、眠っているときも起きているときも表れるものです。催眠術が成り立つのもそれが理由です。催眠術にかかった状態（催眠状態）は、魔法をかけられたように見えますが、たいていは、「眠っている」状態のバリエーションでしかありません。

ですが、催眠術にかかった状態の人は、もう一人の人が自分を眠らせたいと思っているのがわかっていて、その人の言うことに従おうとします。それは、単純な形で言えば、子どもが親に「いいかげん、もう寝なさい！」と言われて、それに従うような場合と同じです。催眠術の場合も、成果が出るのは、相手が従順だからです。従順な人ほど、催眠術にかかりやすいと言えるでしょう。

わたしたちが人に催眠術をかけ、その人に絵やアイデアを描いてもらったり、記憶を話してもらったりすれば、わたしたちは、その人が目覚めているときには得られないような情報を得ることができるでしょう。ただしそのためには、相手が従順である必要があります。わたしたちがその方法で「古い記憶」を引き出したら、それが「忘れられた記憶」である可能性もあります。

とはいえ催眠術は、カウンセリングや治療に使うにはリスクが高いです。今のわたしは、催眠術は好きではないので、クライエントが催眠術しか信用しない場合にだけ使っています。催眠術をかけられた人たちは、かなりの復讐心を抱くことがあるのです。それに彼らは、最初のうちは問題を克服しますが、彼らの「ライフスタイル」がほんとうに変わることはありません。

催眠術を使うのは薬物や機械的な方法を使うようなものです。そうした方法で人の本質に触れることはできません。カウンセラーや精神科医がクライエントや患者をほんとうに助けたいなら、彼らに勇気と自信を与え、彼らのどこが間違っていたのかをもっとよく理解してもらうしかないのです。催眠術を使っても、そういうことはできません。ですから、まれなケース以外は使うべきではありません。

# 第8章　問題のある子どもたちへの対処法

## 子どもたちに学校ができること

子どもたちをどのように教育したらいいのか？——これはおそらく、今の社会生活のなかで、最も重要な課題でしょう。個人心理学には、この課題に貢献できることがたくさんあります。

教育は、家庭で行われるものであれ、学校でのものであれ、個人のパーソナリティーを引き出し、方向づけようとする取り組みです。ですから、心理学が、適切な教育手法を築くのに欠かせないベースになるのです。あるいは、あらゆる教育を、「生き方」という幅広い心理的学問の一分野とみなすこともできるでしょう。

まずは、本題に入る前の準備として、いくつか話をしておきましょう。「教育」の最も一般的な原則は、教育は、生徒たちがいずれ向き合うことになる「のちの人生」に合うものでなければならない、ということです。そのためには、教育は「国家の理念（理想）」に合致したものでなければなりません。

もしわたしたちが、国家の理念を考慮せずに子どもたちを教育したら、彼らはのちの人生で問題にぶつかる恐れがあります。社会の一員としてうまくやっていくことはできないでしょう。

確かに、「国家の理念」が変わってしまうこともあります。革命が起きていきなり変わることもあれば、進化の過程として少しずつ変わることもあります。ですが、それなら、教育者が「幅広い理念」を頭に入れておけばいいだけのことです。その理念は、どこでも通用するようなもの、そして、生徒たちに環境の変化への適応のしかたを伝えるようなものである必要があります。

学校が「社会の理念」とつながりがあるのは、もちろん、学校が「政府」とつながりがあるからです。「国家の理念」を形成するのは政府で、その政府の影響力が学校制度に反映されます。政府は、保護者や家庭に直接影響を及ぼすわけではないですが、政府の利益のために、学校に目を配ります。

歴史を振り返ると、学校は、時代ごとに異なる理念を反映してきました。ヨーロッパの学校は、もともとは貴族の子弟のために作られました。学校は貴族的な気風にあふれ、そこでは貴族だけが教育を受けることができました。

その後、学校は、教会に引き継がれ、宗教を教える場のようになりました。教師は全員が神父です。その後、国家からの、さらに多くの知識に対する需要が高まります。学校には、教会が供給するよりも多くの学科、たくさんの教師が求められたのです。こうして、神父や牧師以外の人々も教育の仕事に就くようになりました。

今の時代の少し前まで、教師は、教師だけを仕事にしていたわけではありません。教師たちは、くつ作り、服の仕立てなど、ほかのさまざまな仕事を兼業していたのです。そうした教師たちが、「むち」に頼る教え方しか知らなかったのは明らかです。そうした教師たちによる学校は、子どもたちの心の問題を解決できるような場所ではありませんでした。

教育の世界で、近代的な考え方が最初に取り入れられたのは、ヨーロッパでのペスタロッチ〔ヨハン・ハインリヒ・ペスタロッチ、1746~1827年。スイスの教育実践家〕の時代でした。

ペスタロッチは、初めて、むちや罰に頼らない教え方を見つけ出した教師です。

ペスタロッチは、わたしたちに大きく貢献したと言えるでしょう。なぜなら彼は、学校では教育の「手法」が非常に重要であることを実証したからです。正しい手法を用いれば、どんな子どもも――知的障害でない限り――、読み書きや計算、歌うことができるようになるのです。

ただし、わたしたちはまだ「ベストの手法」を見つけたとは言えません。それはつねに開発の途上にあります。当然ながら、わたしたちはさらによい手法をつねに探しているのです。

ではヨーロッパの学校の話に戻りましょう。教授法がある程度まで発展したころ、読み書き、計算ができて、ほとんど他人に頼らず、つきっきりで指導する必要のない職人の需要が大幅に高まりました。そしてそのころ「すべての子どもに学校教育を」というスローガンが登場します。

今ではすべての子どもに、学校に行く義務があります。こうした進歩を遂げたのは、国民の経済状態がよくなったことや、そうした経済状態を反映した理念のおかげだと言えるでしょう。

かつてのヨーロッパでは、貴族だけが世のなかへの影響力を持ち、求人といえば、役人（公務員）と肉体労働ぐらいしかありませんでした。目指す仕事のレベルが高い人ほど、就職の準備として、より高等な教育機関に進みました。それ以外の人たちは学校には行きませんでした。当時の教育制度は、当時の国家の理念を反映していました。その後、国家の理念が変わり、今日の学校制度は、新しい理念に応じたものになっています。

今ではもう、子どもが動くことを許されず、両手を組んでひざに乗せ、おとなしく座っていなければならないような学校はありません。今の学校では、子どもたちは教師の友人です。子どもたちはもう、権威に従うことも、教師の言うことにただ従うことも強制されずに、主体性を発揮しながら成長できるようになりました。そういう学校が、民主主義国家のアメリカには、当然ながらたくさんあります。それもそのはず、学校はつねに、政府が定める法令として具体化された「国家の理念」とともに発展するのですから。

## 学校や家庭と問題のある子ども

学校制度と、国家や社会の理念は、密接に結びついて、相互に影響を及ぼし合っています。それは、これまでお伝えしてきたように、学校のもともとの成り立ちや組織化と関係がありますが、心理学的な見方をするなら、両者が結びついていることで教育機関側が大きなメリットを得ていると言えます。

心理学の考え方では、教育の目的は「社会に適応させること」です。今の学校なら、家庭よりも簡単に、子どもたちのそれぞれの適応力に応じた指導を行うことができます。それは、学校のほうが家庭よりも、「国家の要求」をはるかによく知っていますし、子どもの抵抗による影響を受けにくいからです。学校は子どもたちを甘やかしませんし、通常は、子どもたちに対してはるかに公平な姿勢で接しています。

一方、家庭には、必ずしも「社会の理念」が浸透しているとは限りません。昔ながらの考え方しかできない家庭もたくさんあります。親御さん自身が社会に適応し、教育の目的が（個人的なものではなく）社会的なものでなければならないことを理解したときに、家庭教育は初めて進歩するのではないでしょうか。

親御さんが、そうしたことを理解していたら、幼少期の子どもが適切な家庭教育を受け、学校への準備が整うことになるでしょう。そして、そういう子どもは、学校でも、社会人になる準備を整えることができるでしょう。それが家庭と学校における、子どもの理想的な成長のしかたであり、学校は、家庭と国家のあいだに立つものと考えるべきです。

これまで何度かお伝えしてきた通り、家庭での子どものライフスタイルは、4、5歳までに形成され、その年齢を過ぎてからは、そのライフスタイルそのものを変えることはできません。このことから、今の学校が進むべき道が見えてきます。

学校は、子どもたちを批判したり、罰したりすべきではありません。そして、子どもたちに「共同体感覚」を植えつけ、育てる努力をすべきです。今の学校は、「子どもを抑えつける」という考え方では機能しません。「子どもの個人的な問題を理解し、解決する」という考え方でやっていくべきでしょう。

一方、家庭では、親と子どもが強く結びついています。そのため、親御さんが子どもに、「社会のための教育」ができないことがよくあります。親御さんが「自分たちのための教育」を行うほうを選ぶと、結果的に、子どもがのちの人生で直面する状況に適応できないような傾向（性向）を子どもに植えつけてしまいます。

そういう子どもたちは将来、大きな問題にぶつかることになるでしょう。彼らはすでに、学校に入ったときから、いろいろな問題に直面していますが、学校を出てからの人生では、直面する問題はいっそう厄介なものになるでしょう。

家庭でのそうした状況を改善するには、もちろん、親御さんたちを教育する必要もあるでしょう。ですがそれは、たいていの場合、容易ではありません。わたしたちは、相手が子どもなら捕まえて話をすることもできますが、子どもより年齢が上の人たちが相手では、そうもいかないからです。

たとえ、親御さんたちに接触することができたとしても、「国家の理念」にあまり関心を持ってもらえない可能性が高いです。昔ながらの考え方にすっかり慣れているので、別の考え方を理解したがらないのです。

親御さんに対しては、あまりできることがないので、わたしとしては、教育についての新しい考え方をいたるところで広め、もっと理解してもらうことで満足するしかありません。新しい考え方を広める場所として最適なのは「学校」です。

その理由は、第一に、そこにたくさんの子どもたちが集まっているからです。第二に、子どものライフスタイルのなかの誤っている部分は、家庭にいるときよりも学校にいるときのほうが表に出やすいからです。第三に、学校の教師は、子どもたちが抱えている問題をたぶん理解していると思うからです。

わたしは、「正常な子ども」には——もしそういう子どもがいたらの話ですが——関心がありません。そういう子どもに手出しをするつもりはありません。子どもが十分に成長し、社会（まわりの人たち）に適応していると、わたしたちが思ったら、一番いいのは、その子どもを抑えつけないことです。

そういう子どもは自分の好きなようにさせたほうがいいのです。そういう子どもなら、優越感を持ちたくなったときでも、きっと「生きるのに役立つ道」で目標を探してくれるはずです。優越感が「役立つ道」で発揮されている限り、その子どもの優越感は「優越コンプレックス」ではありません。

その一方で、問題のある子どもたちや、神経症の人々、犯罪者などは、劣等感や優越感のせいで、「生きるのに役立たない道」に入っています。そういう人たちは、「劣等コンプレックス」を埋め合わせるために、「優越コンプレックス」を抱きます。前にもお伝えした通り、劣等感はだれにでもあるもので、それが「劣等コンプレックス」になるのは、劣等感のせいであまりにも落胆したため、生きるのに役立たない道にいることに慣れてしまった場合に限られます。

そうした劣等感や優越感による問題は、もとはといえば、入学以前の家庭生活に原因があります。その時期に、子どもはライフスタイルを作り上げます。それは、本書で「原型」と呼んできたもので、大人の「ライフスタイル」とは異なります。「原型」は「熟していない果実」

のようなもので、それに何か問題がある場合、たとえば、それに「虫」がついた場合は、成長したり成熟したりするにつれて、「虫」も大きくなっていきます。

前にもお伝えした通り、器官に欠陥があるせいで、「虫」や問題が大きくなることもあります。そして子どもが、器官に欠陥があるせいで問題を抱えたら、たいていは劣等感を抱くようになります。ここでわたしたちが、もう一度思い出さねばならないのは、子どもが問題を抱える直接の原因は、「器官に欠陥があること」ではなく、器官に欠陥があるせいで「社会（まわりの人々）に適応できなくなること」だということです。だからこそ、「教育」を通じて、子どもの問題を解決できる可能性があるのです。

教育を通じて、子どもがまわりの人たちに適応できるようになったら、器官に欠陥があることが、財産になることもあります。すでにお伝えしたように、器官に欠陥があることで、何かに驚くほどの「関心（こだわり）」を持つことがあります。教育を通じて、そうした「関心」を伸ばしたら、それが、生涯にわたる関心事になることもありますし、その関心を何か役立つ道に向けることができたら、その子どもにとって大きな意味を持つことになるでしょう。

そうした成果につながるかどうかは、子どもが、器官に欠陥があっても、社会（まわりの生徒たち）に適応できるかどうかにかかっています。たとえば、「見ること」、あるいは「聞くこと」だけに関心のある子どもの場合は、すべての感覚器官を使うことへの関心を育てられるかどうかは、教師次第です。そうした関心を育てることができなければ、子どもがほかの生徒たちに溶け込むことはないでしょう。

左利きなのに右手を使っているせいで不器用な子どものケースについては、みなさんよくご存じでしょう。たいていの場合、その子どもが左利きであることは、まわりのだれもが知りません。だからこそ、その子は不器用だということになるのです。その子どもは左利きのせいで家族と絶えず対立しています。そういう子どもは、けんかっ早い、あるいは果敢に挑戦する――これは「長所」です――子どもになるか、元気のない、不機嫌な子どもになるかのどちらかです。そういう子どもが、問題を抱えたまま学校に入ると、けんか好きな生徒か、勇気がなく、悲観的で、イライラしている生徒のどちらかになるでしょう。

学校に入ると、「器官に欠陥のある子ども」のほか、たくさんの「甘やかされた子ども」にも問題が生じます。今では、学校はかなり組織化されていますから、甘やかされた一人の子どもがいつも注目の的になるのは、物理的に不可能です。確かに、親切で優しい先生にえこひいきしてもらえることはあるかもしれません。ですが、学年が進めば、先生のお気に入りの座を失います。そういう子どもは、その後の人生では、事態はさらに悪化します。わたしたちの社会では、注目に値するようなことを何もしていない人が注目の的になるのは、よくないと考えられているからです。

こうした「問題のある子どもたち」には、共通する明確な特徴がいくつか見られます。まず、彼らは人生の問題にうまく対処できません。とても野心的で、まわりの人たちを支配したがりますが、個人的に支配したいだけで、まわりの人たちのためではありません。また、彼らはすぐに怒り、つねにだれかと敵対しています。人生の問題に関心が持てないので、たいていの問題に対して臆病です。

甘やかされた子どもの場合は、人生の問題に対処する準備（心構え）ができていません。そのほか、用心深く、ためらってばかりいるという特徴も見られます。彼らは問題に直面しても、解決するのを先延ばしにします。あるいは、問題を前にすると、完全に立ち止まってしまい、気晴らしになるものに逃げ込んで、何も終わらせることができません。

これらの特徴は、彼らが家庭にいるときよりも、学校にいるときのほうが顕著に表れます。学校は、「検査の場」のようなもので、そこでは、子どもが社会（まわりの人々）や、自分のさまざまな問題に適応できるかできないかが明らかになります。

子どもの間違ったライフスタイルは、家庭では見過ごされることが多いのですが、学校では露見することになるのです。

「甘やかされた子ども」や「器官に欠陥のある子ども」は、人生の問題をいつも「排除」したがります。それは、大きな劣等感のせいで、問題に対処する力を失っているからです。

それでも、わたしが（カウンセリングを通じて）子どもの学校での問題をコントロールできることもあります。そうすることで、子どもに、問題を解決する姿勢を徐々に身につけさせることができます。そういうことができたら、学校は、たんにものを教える場ではなく、ほんとうの教育を行う場になるのです。

わたしたちは、そうした二つのタイプの子どものほかに、「嫌われた子ども」についても考えなければなりません。「嫌われた子ども」は、たいていは、醜かったり、望まれなかった子どもだったり、身体障害を抱えていたりして、社会（集団）生活の準備がまったくできていません。学校に入ったら、おそらく「嫌われた子ども」が、三つのタイプのなかで最も大きな問題を抱えることになるでしょう。

そんなわけですから、教師や役人たちは、好もうと好むまいと、こうした子どもたちの問題を把握し、その問題に対処する最善の手法を見極めることを、学校業務の一つにすべきです。

学校には、こうした三つのタイプの問題のある子どもたちのほかに、「神童」とされている、並外れて頭のいい子どももいます。そういう子どもは、いくつかの科目で秀でているせいで、ほかの科目も優秀なように見えることもあります。

「神童」とされる子どもは、感受性が強く、野心的で、たいていは仲間たちにあまり好かれていません。子どもたちは、仲間のだれがまわりに適応しているかいないかをすぐに感じとるものです。「神童」とされる子どもは、ほかの子どもたちから「すごい」と思われることがあっても、愛されることはありません。

「神童」と呼ばれる子どもの多くは、おそらく満足のいく学校生活を送るでしょう。ですが、社会人になったときに、適切なライフプランを描けません。彼らが人生の三つの大きな課題――「人づき合い」「仕事」「恋愛や結婚」――に取り組んだときに、彼らの問題が発覚します。

もしわたしたちが、彼らの「原型」が作られた時期に起きたことを知ることができたら、家庭でうまくいっていなかったことが彼らの問題に影響していることに気づくでしょう。子ども時代の彼らは、いつも「好ましい状況」に置かれていたために、ライフスタイルの間違いが表に出なかったのです。ですが、「新しい状況（初めての場面）」に出くわしたとたんに、その間違いが露見することになります。

興味深いことに、世の詩人たちも、人が「新しい状況」に直面したときにどうなるかに気づいていたようです。数多くの偉大な詩人や劇作家たちが、戯曲や物語のなかで、人の人生の思いがけない成り行きを描いています。

たとえば、シェークスピアの戯曲『ヘンリー四世』にノーサンバランド伯という人物が登場します。シェークスピアは、人間の心理に精通していた作家で、ノーサンバランド伯を、自分が仕える王にきわめて忠実な人物として描きます。ですが、そんな人物もほんとうの危機に直面して一変します。ノーサンバランド伯は王を裏切ったのです。

シェークスピアは、人がきわめて困難な状況に陥ったときに、その人のほんとうの「ライフスタイル」が明らかになることに気づいていました。人の「ライフスタイル」は、困難な状況で明らかになりますが、困難な状況のときに作られたわけではありません。もっと前に作られたものなのです。

個人心理学が提供する、問題のある神童たちへの解決策は、ほかの問題を抱えた子どもたちへのものと同じです。個人心理学のカウンセラーは彼らにこう言います。「人はみんな、どんなことでも成し遂げられる」。

この言葉は民主主義的なモットーで、つねに期待を背負い、つねに注目され、自意識過剰になっている神童たちの気持ちを和らげる効果があります。このモットーを採用する人が、とても頭のいい子どもとかかわっていることもあるでしょう。その子どもは、自分は頭がいいとうぬぼれたり、過度に野心的になったりすることはないでしょう。そして、適切な教育を受け続けていれば、人が成し遂げられることは、どんなことでも成し遂げられるようになるでしょう。

一方、ほかの子どもたち、つまり、その子どもほどまわりの人々から好ましい影響を受けず、その子どもほど十分な教育を受けていない子どもたちも、教師がこの言葉を理解させることで、いろんなことを成し遂げるようになるでしょう。

後者のような子どもたちは、勇気を失っていることがあります。子どもたちが勇気を失ったら、目立つほどの劣等感を抱きますから、彼らを劣等感から守る必要があります。わたしたちのだれもが、劣等感に長いこと耐えることはできません。

そもそも劣等感を抱いている子どもたちは、入学以前は、学校で直面しているほど多くの困難には直面していません。彼らがいろいろな困難に直面してすっかりまいってしまい、ずる休みしたくなったり、不登校になったりするのも無理はありません。彼らは「学校では、もう何の希望もない」と思い込んでいるのです。彼らにとって、実際に「何の希望もない」のなら、学校に行かないというのは、考えと行動が一致していますし、合理的なのです。

ですが、個人心理学では、彼らの「学校では、もう何の希望もない」という考えを受け入れません。「人はみんな、有意義なことを成し遂げられる」と信じているのです。子どもが何をするにしても、間違うことはあるでしょう。でも、間違ったら、直してあげればいいのです。そうすれば、子どもは続けることができるものです。

## 家と学校で顔が違う子ども

とはいえ、通常の環境では、子どもが困難な状況に陥っても、適切に扱われてはいないようです。子どもが学校で新たな困難に見舞われ、すっかりまいっていると、母親は心配でたまらず、子どもに目を光らせます。そんなときには、子どもが学校で受け取る成績表や批判、叱責と同じようなものが家でも繰り返され、子どもの心のなかで誇張されることになります。

家では「いい子」に見える子どもが――それは、甘やかされているからですが――、学校では、とても「悪い子」であることがよくあります。それは、家族といっしょじゃないときには、子どもに潜在している「劣等コンプレックス」が表に出るからです。そんなときには、子どもは、いつも好きなようにさせてくれた母親にだまされたような気がして、母親を憎むようになります。そうなったら、もう母親を以前と同じ目で見ることはできません。「新しい状況」に不安を抱いているなかで、母親のそれまでの言動も、好きにさせてくれたことも、すべて忘れてしまうのです。

また、家では攻撃的な子どもが、学校では、おとなしく、落ち着いていて、感情を押し殺してさえいることもよくあります。ときには、学校にやって来た母親がこう言うこともあります。「うちの子には、一日じゅう手を焼いています。いつもだれかとけんかしているんです」。教師はこう言います。「彼は一日じゅうおとなしく座っていますし、動じることもありません」。

またときには、その逆のケースもあります。つまり、学校にやって来た母親がこう言うのです。「うちの子は、家ではとてもおとなしくて、お利口さんなんです」。でも教師はこう言います。「彼は、わたしのクラス全体に悪影響を及ぼしています」。こちらのケースも容易に理解できます。その子どもは、家では注目の的なのでしょう。だから、おとなしく、出しゃばることもありません。でも学校では注目の的ではありません。だから戦うのです。あるいは、その逆になるケースもあります。

たとえば、こんなケースがありました。その子どもは8歳の女の子で、学校の友だちにはとても人気があり、クラスでは級長（リーダー）を務めていました。ですが、父親がカウンセラーのところにやって来て、こう言ったのです。「うちの子はとてもサディスティックで、まったくの暴君なのです。わたしたちはもう、あの子に耐えられません」。これはどういうわけでしょう?

この少女は、気の弱い夫婦の最初の子どもでした。子どもからそれほどひどい扱いを受けるのは、気の弱い夫婦ぐらいでしょう。次の子どもが生まれると、少女は自分の立場が脅かされていると感じます。それでも、以前のように「注目の的」になりたいと思い、戦い始めたのです。学校ではとても人気があるので、戦う理由はなく、順調に成長したというわけです。

なかには、家でも学校でも、問題を抱えている子どももいます。家でも学校でも苦情を言われるので、結果的に、その子どもはますます間違いを犯すようになります。なかには、家でも学校でも、だらしない子どももいます。もし子どもが家でも学校でも、だらしなく振舞っていたら、わたしたちは、学校に入る以前のできごとに、そうした振る舞いの原因がないか探す必要があるでしょう。

いずれのケースであれ、子どもが抱えている問題についてわたしたちが判断を下すには、家庭と学校、両方での振る舞いを考慮する必要があります。わたしたちが子どものライフスタイルや子どもがどんな方向に向かっているかを正確に知るには、子どもの人生のすべての

「部分」が重要な手掛かりになるのです。

ときには、かなりの適応力を備えていた子どもが、学校に入って新しい状況に直面したときに適応できなくなることもあります。そういうことが起こるのは、たいていは、担任の教師も、まわりの生徒たちも、その子どもに大きな反感を抱くような学校に入学した場合です。一例として、わたしがヨーロッパで見たケースで考えてみましょう。

ヨーロッパには、貴族ではないのに貴族の学校に入る子どもがいます。大金持ちで思い上がった親に、そこに送り込まれるのです。そういう子どもは貴族の家系ではないので、クラスメイトたちのだれもが反感を抱きます。その子どもは、以前は甘やかされていた、あるいは、少なくともまわりの人たちにうまく適応していたのに、突如として敵意に満ちた雰囲気のなかに身を置くことになります。ときには、クラスメイトたちがあまりにも残酷で、その子どもはよく耐えられるものだと心底驚くこともあります。

たいていの場合、そういう子どもは、学校でひどい目にあっていることを家では一切話しません。それは、自分を恥ずかしく思っているからです。その子どもはひどくつらい体験に黙って苦しむことになります。

そういう子どもは16～18歳になったときに――つまり、まわりの人々に大人のような対応をしたり、人生のいろいろな問題を直視したりしなければならない年齢になったときに――、突然立ち止まってしまうことがよくあります。それは、勇気と希望を失っているからです。そして、社会（まわりの人々）にうまく適応できないというハンディキャップ（不利な条件）に加えて、前に進めないせいで、恋愛や結婚でもハンディキャップを抱えることになります。

ではそういうケースには、どう対処したらいいのでしょうか？

そういう人たちは、エネルギーのはけ口を持っていません。彼らは、世界全体から切り離されていたり、「切り離されている」と感じたりしています。まわりの人たちを傷つける（悲しませる）ために自分を傷つけたがるタイプの人は、自殺を図ることがあります。その一方で、姿を消したがるタイプの人もいます。そういう人たちは精神病院に入ることになります。

彼らは、以前は持っていた少しばかりの「人づき合いの能力」まで失っています。普通の話し方はせず、人に近づくこともせず、つねに世界全体に対して敵意を抱いています。専門的には、そういう状態を「早発性痴呆」――これは「精神の病」です――と呼んでいます（「早発性痴呆」は、医学者のクレペリン（1856～1926年）が提唱した精神疾患で、その後「統合失調症」と呼ばれるようになった）。もし個人心理学のカウンセラーが、そうした人々を手助けすることになったら、彼らが「勇気」を再構築する方法を見つけ出す必要があります。彼らのケースはかなりの難題ですが、治療は可能です。

学校に通う子どもたちの問題を解決できるかどうかは、主に、彼らの「ライフスタイル」を見極められるかどうかにかかっています。ですからここで、個人心理学が、子どものライフスタイルを見極めるために開発してきた手法を振り返っておこうと思います。ライフスタイルを見極めることは、もちろん教育以外のさまざまな面に役立ちますが、子どもを教育するうえでは絶対不可欠と言っていいでしょう。

個人心理学では、発育期にある子どもを直接観察することに加えて、子どもに「古い記憶」や「将来どんな職業に就きたいか」をたずねるとか、子どもの「姿勢」や「立ち振る舞い」を観察する、その子どもについて、「生まれた順番」から推測する、といった手法を用います。どの手法についても前のほうの章で説明しましたが、「生まれた順番」が意味を持つことについては、もう一度強調する必要があるでしょう。というのも、それがほかの手法以上に、子どもの成長と密接に関連しているからです。

「生まれた順番」のことで、大きな意味を持つのは、前にもお伝えした通り、「最初の子ども」がしばらくは一人っ子の立場にあり、その後、その立場を奪われることです。つまり、最初の子どもは、しばらくは大きな権力を持つものの、結局はそれを失うということです。一方、二人目以降の子どもたちの心理は、彼らが「最初の子どもではない」という事実によって決まります。

兄弟のなかで一番年上の子どもには、保守的なものの見方をする子どもが多いです。彼らは、「権力を持っている人は、権力の座にとどまるべきだ」といったことを感じています。彼らが「権力」を失ったのは偶然にすぎませんが、彼らはそれに大きな憧れを抱いているのです。

二人目の子どもは、まったく異なる状況に置かれます。彼は「注目の的」ではない存在としてやっていきますが、彼には、（上の子どもという）自分の前を走る「ペースメーカー」がいます。そしていつもそのペースメーカーと並びたがっています。彼は「権力」を認めませんが、権力の座には交代があったほうがいいと思っています。彼は、競走している最中のような「前への衝動」を感じています。彼の立ち振る舞いが、彼が前方の一点を見据え、それに追いつこうとしていることを物語っています。彼はいつも、科学の法則や自然の法則を変えようとします。

そして彼はまったくの「革命児」です。政治の革命家という意味ではなく、「人づき合い」や、「仲間に対する姿勢」の面で革命児だということです。兄と弟の立場を示すいい例として、旧約聖書の物語に登場する双子の兄弟、エサウとヤコブを挙げることができるでしょう〔旧約聖書の「創世記」に、弟のヤコブが父親をだまして、兄エサウの「長子の権利（相続権）」を奪った話が描かれている。のちに二人は和解。ヤコブは「イスラエル」の名を得て、ユダヤ人の祖となる。前に引用されているヨセフの父〕。

兄弟たちが成人に近い年齢に達したころに、子どもがもう一人生まれたら、その末っ子は、最初の子どもと同じような状況に置かれます。

心理学的な視点で見れば、兄弟のなかで一番年下という立場は、おおいに興味をそそられます。ここで言う「一番年下」というのは、もちろん、つねに一番年下で、次の子どもはいないということです。そういう子どもは座を奪われることが絶対にないので、有利な立場にあります。二人目の子どもも座を奪われる恐れがあり、一人目の子どもと同じ悲劇を味わうことがありますが、末っ子には、その恐れは絶対にありません。

ですから、一番年下の子どもは最も好ましい立場にあり、それ以外の環境が同じなら、兄弟のなかで最もよい成長のしかたをします。とてもエネルギッシュで、ほかの兄弟を超えようとするという点では、二人目の子どもに似ています。はるか前方ではありますが、ペースメーカーがいることも同じです。

ですが一般的には、末っ子は、ほかの家族とはまったく異なる道を選びます。もし家族が科学者一家だったら、末っ子はおそらくミュージシャンか商人になるでしょう。もし家族が商人一家だったら、末っ子は詩人になるかもしれません。必ず違う道に進みます。なぜなら、同じ分野で張り合うくらいなら、別の分野で働いたほうが楽だからです。

末っ子がほかの兄弟とは異なる目標を目指すことを好むのも、それが理由です。それは明らかに、少々「勇気」に欠けることのサインと言えるでしょう。もし、その子どもに勇気があるとしたら、同じフィールドで戦うはずです。

一つお伝えしておきたいのですが、個人心理学では、「生まれた順番」にもとづいて子どものことを予測し、その予測を「～という傾向がある」という形で表現します。つまり、必ずしもそうなるとは限らないということです。実際、「最初の子ども」が聡明な子どもだったら、二人目の子どもに追い越されることはないかもしれませんし、その場合は、悲劇を味わうこともありません。そういう子どもなら、まわりの人々にうまく適応しますし、母親もその子どもの関心を、新しい赤ちゃんをはじめとするまわりの人たちに広げる可能性が高いのです。

一方、「二人目の子ども」が、実際に最初の子どもを超えることができなかったとしたら、そのことが、一人目の子どもにとって、より大きな問題になるかもしれません。もしそうなったら、二人目の子どももはたいてい、「勇気」も「希望」も失うので、最も望ましくないタイプの子どもになるでしょう。競争をしている子どもたちは、「勝つ」という希望をつねに持っている必要があるのです。その希望がなくなったら、すべてを失ってしまうからです。

## 「一人っ子」の悲劇

「一人っ子」にも悲劇はあります。それは、一人っ子は、子ども時代を通して「注目の的」であり続けるので、その後の人生でも、「自分が中心であること」をつねに目標にするからです。

一人っ子は、ものごとを論理にもとづいて判断するのではなく、自分の「ライフスタイル」を基準にして判断します。女きょうだいのなかの「一人だけの男の子」も大変ですし、問題を抱えることになります。一般的には、そういう男の子は「女の子のように振る舞う」と考えられていますが、その言い方はちょっと大げさでしょう。結局のところ、わたしたちはみんな、女性に育てられているのです。

とはいえ、「一人だけの男の子」には、ある程度の苦労はあります。何しろ、女の子が多い家では、家庭全体が女性向けの仕様になっているのですから。わたしたちは、だれかの家に入ったとたんに、その家族には男の子のほうが多いか、女の子のほうが多いかわかるものです。どちらが多いかで、家具が違いますし、聞こえてくる物音や、家のなかの様子も異なります。男の子が多い家のほうが、壊れたものが多く、女の子の多い家のほうが、汚れがなくてはるかにきれいです。

女きょうだいのなかの「一人だけの男の子」は、男らしく見せようとしたり、自分のなかの男らしい特徴を強調しようとすることがあります。あるいは、ほかのきょうだいたちをまねて、ほんとうの「女の子のように振る舞う」ようになるでしょう。つまり「一人だけの男の子」は、たいていは、かなり野性的な子どもになるか、優しく穏やかな子どもになるかのどちらかだということです。前者の場合は、いずれは自分が男であることをつねに証明したり強調したりするようになるでしょう。

同様に、男きょうだいのなかの「一人だけの女の子」も、むずかしい状況に置かれます。そういう女の子は、とてもおとなしく、とても女の子っぽい子どもになるか、男の子がやることを何でもやって、男の子のようになりたいと思う子どもになるかのどちらかです。また彼女は、男の子のほうが数で勝るような環境のなかでただ一人の女の子というわけですから、劣等感を抱いているのは明らかです。

「自分は女の子にすぎない」という思いがあると、「劣等コンプレックス」につながります。「自分は～にすぎない」という言葉に、「劣等コンプレックス」が表れています。そういう女の子が、男の子のような服装をしたり、後年、彼女が、男性が持つと考えている（奔放な）性的関係を持ちたがったりするのは、それを埋め合わせる「優越コンプレックス」を抱くようになったと考えていいでしょう。

では、「きょうだいのなかでの立場」の話の締めくくりとして、一人目が男の子で、二人目が女の子というケースについてお伝えしましょう。

このケースでは、二人のきょうだいのあいだで、つねに熾烈な競争が起こっています。妹のほうは、「前へ」と駆り立てられていますが、それは、彼女が「二人目の子ども」だからというのもありますが、彼女が「女の子」だからでもあります。彼女は兄よりも勉強し、かなり顕著な「二人目」タイプの子どもになります。とてもエネルギッシュで、とても独立心が強く、兄は、彼女が自分との競走で、自分に徐々に近づきつつあることに気づいています。

みなさんもご存じの通り、女の子のほうが男の子よりも、心身ともに早く成長します。たとえば12歳の女の子は、同じ年の男の子よりもはるかに成長を遂げています。この兄も、妹のほうが成長が早いことに気づいていますが、その理由がわかりません。その結果、兄は劣等感を抱き、競走を断念したいと強く思います。そう思ったら、彼はもう、前には進みません。前に進む代わりに、逃げ道を探し始めます。

ときには、逃げ道が、芸術の方向に発展することもあります。あるいは、神経症や精神疾患に陥ったり、犯罪に走ったりすることもあります。彼は、自分には競走を続けるだけの力がないと感じているのです。

そういう状態に陥ると、「人はみんな、どんなことでも成し遂げられる」という考え方を伝えても、改善するのはむずかしいです。わたしたちにできるのは、その少年に次のように教えることです。「妹さんが先を行っているように見えるかもしれないが、それは、彼女のほうがたくさん練習したし、練習したおかげで、彼女のほうが成長するのに適した方法を見つけ出したからなんだ」。またわたしたちは、二人のきょうだいをできるだけ競争のない分野に向かわせることで、競走しているような空気を和らげることもできます。

# 第9章　彼が人づき合いができない理由

## 社会に適応できない子ども――幼少期

個人心理学は、人々が社会に適応できるようになることを目指しています。個人心理学が社会への適応を目指すというのは、矛盾しているように見えるかもしれませんが、言葉のうえでそう見えるだけで、実際にはそんなことはありません。わたしたちは、個人の心理状態に目を向けたときに、社会（まわりの人々）との関係がどれほど重要かに初めて気づきます。個人は、社会とのかかわりがあって初めて「個人」になるのです。

他系統の心理学派は、彼らの言う「個人心理学」と、「社会心理学」を区別していますが、個人心理学（アドラー心理学）では、そうした区別をつけません。本書ではこれまで、個人の「ライフスタイル」の分析に努めてきましたが、つねに社会的な視点を持った分析や、社会で応用するための分析をしてきたつもりです。

これからも分析は続きますが、この章では、「社会（まわりの人々）への適応」に重点を置いた分析を紹介しましょう。この章でも、事例を挙げながら話を進めることに変わりはありませんが、「ライフスタイル」の見極めに焦点を合わせる代わりに、「ライフスタイル」の働きや、「ライフスタイル」をうまく働かせる方法についてお伝えしたいと思います。

「人づき合い」の問題についても、引き続き、前の章のテーマだった「問題のある子どもたち」について分析します。学校や幼稚園は社会的機関のミニチュア（小型模型）ですから、わたしたちはそこで、「社会に適応できない」という問題を、単純化された形で観察することができます。

では、行動に問題のある5歳の男の子のケースで考えてみましょう。

母親が医師のところにやって来て、こう訴えました。「うちの息子ときたら、落ち着きがなくて、じっとしていられません。ですから、ものすごく手がかかります。わたしはあの子に一日じゅうかかりきりなので、一日が終わるころには、もうぐったりです。わたしはもうあの子に我慢できません。もし、入院治療のようなことができるのでしたら、わたしは喜んで、あの子を家から出します」。

母親の話から、わたしは、その男の子に「自分を重ね合わせる」ことができます。つまり、その男の子の身になって考えることができるということです。みなさんも「5歳の子どもがじっとしていられない」と聞いたら、その子どもの一連の行動を容易に想像できるのではないでしょうか。その年齢の子どもが「じっとしていられない」としたら、何をすると思います？くつをはいたままテーブルの上に乗ってしまうのではないでしょうか。服や身体が汚れるようなことを、いつもやりたがるでしょう。そしてお母さんが読みものをしていたら、明かりを消したりつけたりして、いたずらするのではないでしょうか。では、お母さんとお父さんがいっしょにピアノを弾いたり歌ったりしていたら、何をすると思います？

彼は大声でわめくでしょう。あるいは、手で耳をふさいで「うるさーい」と言い放つかもしれません。彼は、欲しいものが手に入らなかったら、かんしゃくを起こすでしょう。そして、いつも何かを欲しがっているのではないでしょうか。

こうした行動を「幼稚園」でとる子どもがいたら、その子どもはけんかをしたがっていて、やることなすことすべてが、「けんか」を引き起こすためのものと考えていいでしょう。そいう子どもは、昼も夜もじっとしてはいません。ですから、父親と母親はいつもくたくたです。その子どもは、両親と違って、やりたくないことはやらなくて済むので、疲れを知りません。彼はたんに、じっとしているのを嫌い、まわりの人たちの注意を引くのが好きなだけなのです。

ちょっとした事件が、その男の子が「注目の的」になるために戦っていたことを物語っています。ある日のこと、彼は演奏会に連れていかれました。演奏会では、彼の母親と父親が楽器を演奏したり、歌ったりします。ある曲の途中で、彼は大声で「おーい、父さん！」と叫び、会場を歩き回ったのです。こうしたことは予測できたはずですが、この両親には、彼がどうしてそんなことをするのか理解できませんでした。この男の子は、日ごろから正常な振る舞いをしていなかったにもかかわらず、両親は彼を「正常な子ども」だとみなしていたのです。

とはいえ、彼は、その程度なら「正常」と言えるでしょう。何しろ彼には、賢いライフプランがあるのですから。そのプランを基準にすれば、彼は正しいことをしているのです。そしてわたしたちは、それがどんなプランかがわかれば、どんな行動につながるかを推測することができます。結局のところ、彼は知能の低い子どもではないと判断していいでしょう。

知能の低い人間が、賢いライフプランを持つことはないからです。

彼の母親は、来客があったら、お客さんたちと楽しいひとときを過ごそうと思います。そんなときは、彼は決まって椅子に座っているお客さんを押して、椅子からどかしたり、お客さんが座ろうとしている椅子に、自分が座りたがったりしました。こうした行為も、彼が目指す「目標」や、彼の「原型」に合致しています。彼は、「自分が上位に立つ（人より優れる）」「まわりの人たちを支配する」「つねに父親や母親の注意を引く」といったことを「目標」としているのです。

この男の子は、以前に「甘やかされた子ども」で、今はそうではないと考えていいでしょう。今も甘やかされているのなら、彼は戦っていないはずです。つまり彼は、かつての「好ましい状況」を、今は失っているということです。

では彼は、なぜ「好ましい状況」を失ったのでしょう？　それはおそらく、弟か妹ができたからでしょう。その結果、この5歳の子どもは「新しい状況」に置かれ、座を奪われたような気がして、失ったと思い込んでいる大事な「中心的な立場」を維持するために戦っているのではないでしょうか。彼がいつも父親や母親の注意を引こうとするのも、それを維持するためでしょう。

彼が戦うようになった原因は、もう一つ考えらます。この男の子は「新しい状況」に適応する準備ができていませんでした。それは、甘やかされる立場にあったために「共同体感覚」をまったく養うことができなかったことが原因だと考えられます。「共同体感覚」がないせいで、社会（まわりの人々）に適応できないのではないでしょうか。彼は自分のことにしか関心がなく、自分の幸せのことしか頭にありません。

母親は、彼が弟にどんなふうに接するかとたずねられ、こう答えています。「あの子は弟のことが好きなんです。それなのに、いっしょに遊ぶと、いつも弟を殴り倒してしまいます」。

そういうことをするのなら、彼は、弟にあまり好意を持っていないと考えていいでしょう。

彼のそうした行為の意味を理解するために、弟と兄弟げんかはするものの、長くは続けないという、わたしたちがよく目にするタイプの子どもと比較してみましょう。そういう子どもはとても賢いので、兄弟げんかを長くは続けないのです。つまりそういう子どもは、いずれは親にけんかをやめさせられるとわかっているのです。ですから、そういう子どもはけんかを始めても途中でやめて、また仲よく遊ぶこともあります。ですが、この男の子のように、弟と遊んでいる最中に、座を奪われたという昔の記憶がよみがえる子どももいます。それで、弟を殴り倒してしまうのです。彼が弟と遊ぶのは、実際には、弟を殴り倒すためだと考えていいでしょう。

ではこの男の子は、母親にはどんなふうに接しているでしょうか？　彼女がお仕置きにお尻を叩くと、彼は笑い声をあげて、「叩かれたってへっちゃらだい」と言うそうです。あるいは、彼女が少し強めにぶったときには、しばらくはおとなしくなるものの、すぐにまた彼の戦いを開始するそうです。

こうした話を聞くと、彼の言動のすべてが、彼の「目標」によって動機づけられ、まっすぐに「目標」に向けられていることに気づきます。とてもまっすぐなので、彼の行動が予測できるほどです。わたしたちが彼の行動を予測できるのは、「原型」に一貫性があるからです。もし一貫性がなかったとしたら、あるいは、わたしたちが、原型が目指している「目標」に気づかなかったら、予測することはできないでしょう。

## 社会に適応できない子ども——幼稚園、小学校時代

では、この男の子が社会生活をスタートさせたと想定しましょう。彼は幼稚園に入ります。わたしは、そこで何が起こるかを予測することができます。この男の子が演奏会に連れてい

かれたら、あのようなことが起こることも予測できました。

一般的に、彼のような子どもは、まわりが弱い子どもたちなら、彼らを支配し、まわりが支配しにくい子どもたちなら、支配するために彼らとけんかをします。ですから、もし彼の幼稚園の先生が手厳しい人だったら、彼はその幼稚園に長くは通わない可能性が高いです。彼はつねにストレスを抱えることになるでしょう。そのせいで、「頭痛に見舞われる」とか、「じっとしていられない」といった状態に陥るかもしれません。そうした症状（状態）が現れたら、神経症の最初のサインと考えていいでしょう。

一方、まわりが優しく、愉快な子どもたちだったとしたら、彼は自分が「注目の的」だと感じるかもしれません。そういう環境下では、彼は幼稚園のリーダー——つまり、完全な「英雄」——にだってなれるかもしれません。

幼稚園は、前にもお伝えした通り、一つの社会的機関で、そこではさまざまな「社会的な（人づき合いの）問題」が生まれます。子どもは、そうした問題への準備ができている必要があります。なぜなら、子どもは、幼稚園というコミュニティーの行動基準に従わなければならないからです。子どもは、その小さなコミュニティーの役に立つ必要がありますが、子どもが自分のことより、まわりの子どもたちに関心を持たない限り、役に立つことはできません。

小学校に入るときにも、ふたたび同様の状況に置かれます。彼のような子どもがどうなるか、みなさんも想像がつくのではないでしょうか。私立の小学校なら、彼のような子どももも新しい状況にいくぶん対処しやすいでしょう。私立の小学校は、たいていは公立の小学校よりも生徒の数が少ないので、一人一人の生徒に注意を払ってもらえるからです。もしかすると、そういう環境であれば、彼が「問題のある子ども」だったことにだれも気づかないかもしれません。それどころか、「彼は、この学校で最も優秀な子ども、最高の生徒です」などと言われるかもしれません。また、もし彼がクラスの級長になったら、家での振る舞いも変わる可能性があります。彼は、何か一つの分野だけでも「自分が上位に立つ（人より優れる）」ことができたら、それで満足するのではないでしょうか。

子どもの振る舞いが小学校に入ってから改善した場合は、その子どもはクラスのなかで「好ましい状況」に置かれ、優越感を覚えていると考えていいでしょう。しかしながら、たいていは、その逆になります。家では、おおいにかわいがられ、とても素直な子どもが、学校ではクラスの問題児になっていることがよくあります。

前の章では、学校を、「家庭」と「社会人としての人生」のあいだにあるものとして話を進めました。そうした「家庭」──「学校」──「社会」という流れで考えるなら、彼のような子どもが社会に出てからどうなるかも想像がつくのではないでしょうか。彼が学校で経験したかもしれない「好ましい状況」を、社会は与えてくれません。小さいころはお利口さんで、学校でも優秀だった子どもが、後年、だめになってしまったのを見たら、たいていの人は驚いて、いったいなぜだろうと思うでしょう。

そうした問題のある大人は、神経症を抱えていると考えられ、その神経症がのちに精神疾患に発展することもあります。お利口さんだった子どもがそういう大人になるなんて、まわりのだれにも想像がつきません。なぜなら、その子どもにとって「好ましい状況」が続いたために、その子どもが大人になるまで、「原型」が覆い隠されてきたからです。

そういうケースもあるので、わたしたちは、子どもが「好ましい状況」にあるときでも、「原型」の誤りに気づけるようになるべきでしょう。あるいは少なくとも、誤りがある可能性があることに気づけるようになりましょう。「原型」の誤りに気づくのはとてもむずかしいことです。ですが、「原型」に誤りがあることを明確に示していると考えられるサインがいくつかあります。

注意を引きたがっている自分中心の子どもや、「共同体感覚」が備わっていない子どもは、たいていは「だらしない」です。そういう子どもは、だらしなくすることで、まわりの人たちに時間をとらせます。またそういう子どもは、「ベッドに入るのを嫌がる」とか、「夜泣き」や「おねしょ」をしたりすることもあります。彼らは、「不安なふりをする」でしょう。「不安」が、まわりの人たちを自分に従わせるための武器になることに気づいているからです。これらのサインは「好ましい状況」でも現れますから、こうしたサインはないかと探すことで、子どもを正確に判断できる可能性が高まります。

## 社会に適応できない子ども——大人になろうとしている時期

それでは、例としてお伝えしてきた、「原型」に誤りのある男の子が、その後、大人になろうとしている時期——17歳か18歳といったところでしょうか——にどうなるか、考えてみましょう。

17、18歳の彼の人生は、果てしなく広がる奥地のようで、つかみどころがなく、簡単には判断できません。彼の「目標」や「ライフスタイル」を知るのは容易ではありません。ですが、彼が社会に出たら、前にもお伝えした人生の三つの大きな課題、つまり「人づき合い」「仕事」「恋愛や結婚」の三つの課題に直面することになります。

どの課題も、わたしたちの生存と深く関係している「人間関係」から生まれるものです。「人づき合い」の課題には、まわりの人たちへの振る舞い方や、人間というものに対する姿勢（考え方）、人間の将来に対する姿勢も含まれます。またこの課題は、人間という種の保存や、人間の救済にも影響するでしょう。というのも、人間の人生はあまりにも短いので、わたしたちは力を合わせない限り、やっていけないからです。

彼の「仕事」については、彼の学校での振る舞いから気づいたことをもとにして判断できそうです。もし彼が「自分が上位に立つ（人より優れる）」という考えを抱いて仕事を探したとしたら、そうしたポストがなかなか見つからないのは間違いないでしょう。だれかの下で働かなくてもいいポストとか、他人と協力して働かなくてもいいポストなんて、簡単には見つかりません。そもそも彼は、自分の幸せのことしか頭にありませんから、だれかの下で働いたところで、うまくはいかないでしょう。

また、彼のようなタイプの人は、職場で自分が「頼りになる」ことを証明することはないでしょう。彼は、会社の利益を自分の利益より優先させることはできません。

一般的には、仕事で成功できるかどうかは、社会（まわりの人々）に適応できるかどうかで決まると言っていいでしょう。仕事仲間や顧客のニーズを理解できたり、相手の目や耳でものを見聞きできたり、相手が感じるのと同じように感じることができたら、仕事をするうえでの大きな強みになります。そういうことができる人なら出世するでしょうが、彼にはできません。彼はいつも自分の利益になることしか気にかけないからです。彼には、前進するのに必要な資質の一部しか備わっていません。その結果、仕事では、たいていの場合、「失敗する人」になるでしょう。

彼のようなタイプの人たちは、たいていは、17、18歳では仕事に就く準備を終えていません。あるいは、少なくとも、仕事を始めるのが遅くなります。おそらく、30歳になっても、何をやって生きていくつもりか決まらない人もいるでしょう。彼らは、勉強する分野を次々に変え、仕事の分野も次々に変えるでしょう。それは、彼らがどの分野にも適応できないサインなのです。

わたしは、17、18歳の若者で、何かをやる気はあるものの、どうしたらいいかわからないという人に出会うことがあります。大事なのは、そういう人を理解してあげること、そして、職業の選び方についてアドバイスをすることです。そういう若者なら、これから新しいことに興味を持ち、適切な訓練を受けることができるでしょう。

一方、その年齢で、自分が将来、何をしたいかまったくわからないという若者に出会ったら、かなり心配になります。そういう若者は、たいていは、あまり多くを成し遂げないタイプです。

家庭でも学校でも、子どもに、将来の職業を考えることに興味を持たせる努力をすべきでしょう。学校では、「将来、何になりたいか?」といったテーマで作文を書いてもらってもいいでしょう。子どもたちは、そうしたテーマで文章を書くよう言われたら、確実にその問いに向き合うことになります。ですが、そういう機会がなければ、その問いに向き合わないまま、手遅れになることもあるでしょう。

さて、例の若者が直面する三つ目の課題は、「恋愛や結婚」です。

わたしたちは二つの性に分かれて生きているので、これはきわめて重要な課題です。もしわたしたちに、一つの性しかなかったとしたら、世界はまったく違ったものになっていたでしょう。ですが実際にはそうではないので、わたしたちはもう一方の性への振る舞い方を学ぶ必要があります。「恋愛や結婚」についてはのちの章で詳しくお伝えするつもりなので、ここでは、「社会への適応」の問題とのつながりを明らかにするだけにとどめておきましょう。

「共同体感覚」が備わっていないことは、「人づき合い」や「仕事」への不適応の原因となりますが、異性とうまく向き合えないことの原因にもなります。また、つねに自己中心的な人も、パートナーといっしょにやっていくための適切な準備をしていません。確かに、よく言われている通り、人間に「性本能」が備わっているのは、主として、自分の狭い殻から出て、社会生活の準備をするためのように思えます。ですが心理学的に言えば、わたしたちは、性本能だけでは、そうした「社会生活の準備」は半分ぐらいしかできません。わたしたちが、「自分のことは忘れて、自分を、より大きな社会に組み込むような傾向（性質）」をすでに備えていない限り、「性本能」が適切に役割を果たすことはないのです。

ではこのへんで、例の17、18歳の若者についての結論を出しましょう。

彼は、人生の三つの大きな課題に直面したら、絶望し、失敗を恐れて、立ち尽くすことになるでしょう。彼は「自分が上位に立つ（人より優れる）」という個人的な目標を目指しているので、人生の三つの課題は、可能な限り排除するでしょう。だったら、彼には何が残るでしょうか？

彼は社会（まわりの人々）に加わろうとはしないでしょう。まわりの人たちには敵意を抱いています。彼は非常に疑い深く、引きこもりがちです。まわりの人たちにはもう興味がないので、自分が彼らにどう見えようが気にしません。ですから、ぼろぼろの服を着たり、身体が汚れていたりして、外見がまるで精神を病んだ人のように見えることもよくあるでしょう。

人づき合いには、みんなが知っている言葉を使う必要がありますが、彼には言葉を使う気がありません。彼はひと言もしゃべらないのです。それは、早発性痴呆〔統合失調症〕に見られる特徴です。

彼は、人生の課題すべてを排除したことで、自ら成長のチャンスをつぶしました。彼の歩む道は精神病院へとまっすぐ続くことになるでしょう。「自分が上位に立つ（人より優れる）」という目標を目指したせいで、まわりの人たちから完全に孤立しました。また、その目標を目指したせいで、性的欲求もゆがんだものになり、もはや、「正常な人」とは言えなくなってしまいました。彼はときには、天国まで飛んで行こうとするでしょう。あるいは、自分はイエス・キリストだと思い込んだり、中国の皇帝だと思い込んだりするでしょう。そうすることで、「自分が上位に立つ（人より優れる）」という目標を何とか表現しようとしているのです。

## いつから人は社会に適応できなくなるのか

何度もお伝えした通り、人生の問題はすべて、基本的には「人づき合い（対人関係）」の問題なのです。わたしたちは「人づき合い（対人関係）」の問題が、幼稚園や公立の小学校で起きたり、友人関係や職場での上下関係、経済生活のなかで起きたりするのを見ています。わたしたちの能力は、すべてが「人づき合い」に役立つように、ひいては人類に役立つようにできていることは明らかです。

「社会に適応できない」という問題は、「原型」ですでに始まっています。では、手遅れになる前にその問題を改善するには、どうしたらいいでしょう？　もし親御さんたちに、子どもの「原型」に大きな誤りが生じるのを防ぐ方法や、「原型」の誤りのちょっとした「表れ」を判断する方法、その誤りを修正する方法を教えることができたら、親御さんにとって大きな強みになるでしょう。

ですが実際には、その方法はあまりうまくいきません。「原型」の誤りについて学び、それを防ぎたいと思っている親御さんがほとんどいないのです。彼らは子どもの心理や教育の問題に興味がありません。子どもを甘やかし、自分の子どもを完ぺきな宝物と思ってくれない人に敵意を抱くか、「原型」の誤りの話にまったく興味を示さないかのどちらかです。また、親御さんたちに短時間で十分に理解してもらうのは不可能です。彼らに知ってほしいことを説明し、アドバイスするには、かなりの時間が必要なのです。ですから、親御さんたちにとっては、子どもを医師や心理学を学んだカウンセラーのところに連れていったほうが、はるかにいいでしょう。

医師やカウンセラーが個人的に仕事をする場合を除けば、子どもの「社会に適応できない」という問題で最も成果があがるのは、学校と教育を通じて取り組む場合でしょう。「原型」の誤りは、子どもが学校に入ってから初めて表に出ることがよくあります。

個人心理学の手法を知っている教師なら、子どもの「原型」が誤っていることに短期間で気づくでしょう。そういう教師は、子どもがほかの子どもたちに加わるかどうか、あるいは、注目の的になろうとして目立ちたがっているかどうかといったことを観察します。どの子どもに勇気があり、どの子どもに勇気がないかも観察するでしょう。十分な教育を受けた教師なら、最初の1週間で、子どもの「原型」にどんな誤りがあるかがわかるでしょう。

教師は、子どもたちに接するという仕事柄、人一倍、子どもの誤りの直し方をわきまえています。人類が学校を始めたのは、家庭では、人生に必要な「人づき合い」の能力を十分に養うことができないからです。学校は、家庭では手が届かないようなところに手が届きますし、子どもの人格の大部分が形成されるのも学校です。あとは、学校や教師たちが、役割を適切に果たすのに必要な「心理学の知識」を身につければいいだけです。

これからは、学校が個人心理学の考え方をもっと取り入れるようになるのは間違いないでしょう。というのも、人格を形成することが、学校のほんとうの目的だからです。

# 第10章　コンプレックスはなぜ生まれるのか

## コンプレックスが生まれる理由

前の章では、社会（まわりの人々）に適応できないのは、劣等感と「自分が上位に立ちたい（人より優れたい）という思い」のせいで、「人づき合い」に問題が生じることが原因であることをお伝えしました。「劣等コンプレックス」と「優越コンプレックス」は、社会に適応できなくなった結果として陥る状態を表しています。これらの「コンプレックス」という言葉は、遺伝したものでも、血液中のウイルスのようなものでもなく、たんに、人とそのまわりの人たちとの相互関係のなかで生まれるものにすぎません。

ただし、コンプレックスはすべての人に生まれるわけではありません。それはなぜでしょう？

劣等感や「成功したい」「自分が上位に立ちたい」という思いは、すべての人が持っていて、そうした思いがその人の精神面を構成しています。だれもがコンプレックスを抱くわけではないのは、心理メカニズムが働いて、劣等感や優越感を社会に役立つことに利用する人もいるからです。そのメカニズムは、「共同体感覚」と「勇気」と「公共の精神」、あるいは、「共通感覚《コモンセンス》の論理」から生まれます。

では、そのメカニズムが働く場合と、働かない場合を考えてみましょう。

子どもは、劣等感がそれほど大きくない限り、つねに価値のある人間になろうとし、生きるのに役立つ道を進むものです。そういう子どもは、自分の目標を達成するために、まわりの人たちに関心を抱きます。そうするうちに「共同体感覚」が備わり、社会（まわりの人々）に適応できた場合は、劣等感を適切で正常な形で埋め合わせたことになります。ですが、子どもであれ大人であれ、「自分が上位に立ちたい（人より優れたい）」という思いを抱えている人のだれもが、共同体感覚を備え、社会（まわりの人々）に適応できるわけではありません。

わたしたちが「自分は他人には関心がない」と言っている人に出会ったら、その言葉は本心ではないと考えていいでしょう。確かにその人はそんなふりをする、つまり、世間になど関心がないかのように振る舞うでしょうが、それを証明することはできないはずです。逆に、もし「わたしは自分以外の人たちにも関心がある」と言っている人がいたら、それは社会（まわりの人々）に適応できていないことを隠すためだと考えていいでしょう。こうしたことは、まわりの人々への関心、つまり「共同体感覚」がどこにでもあることの証明になるのではないでしょうか。

とはいえ、「社会に適応できない」人々は存在します。適応できなくなる原因を調べるために、ちょっと特殊なケース——「劣等コンプレックス」を抱えているものの、「好ましい状況」に置かれているために、それが表に出ていない人のケース——で考えてみましょう。

そういう人はコンプレックスを隠しています。あるいは、少なくとも表に出るのを隠そうとする傾向があります。ですからその人は、問題に直面していないときには、完全に満足しているように見えるでしょう。ですが、わたしたちがその人を注意深く観察したら、劣等感を抱えていることが、ほんとうは表に出ていることに気づくはずです。たとえ言葉や主張という形で表に出なくても、少なくとも「姿勢」には表れます。それは、劣等感が拡大して生まれた「劣等コンプレックス」と考えていいでしょう。

「劣等コンプレックス」を抱えている人たちは、自己中心的なせいで、自分で自分に重圧をかけているので、その重圧を和らげる「息抜き（気晴らし）」をいつも探しています。そういう人たちのなかには、「劣等コンプレックス」を隠す人もいれば、「わたしは劣等コンプレックスにさいなまれているんです」と告白する人もいて、彼らを観察するのはなかなか面白いです。

告白する人たちは、決まって得意げに告白します。彼らは、人が告白できないことを自分は告白したのだから、自分は人より偉いと思っているのです。彼らは内心でこう思っています。「わたしは正直者だ。自分の悩みの種のことまで、正直に話している」。ですが、彼らは「劣等コンプレックス」のことを告白すると同時に、自分が問題を抱えていること、あるいは、自分の境遇といった、コンプレックスの原因となっていることをそれとなくほのめかします。自分の親やきょうだいのことを話す人もいれば、自分が十分な教育を受けていないこと、あるいは、何らかの不幸なできごと、座を奪われたこと、だれかに支配されていることなどを話す人もいます。

「劣等コンプレックス」を抱えているのに、それが「優越コンプレックス」に隠れている人もよく見ます。彼らは「優越コンプレックス」を抱くことで、「劣等コンプレックス」を埋め合わせているのです。そういう人たちは、傲慢で生意気なうぬぼれ屋で、鼻もちなりません。そして彼らは、自分の行動より自分の外見を重視します。

このタイプの人たちは、劣等感との闘いの初期のころに「あがり症」だった可能性があります。そういう人は、それ以降、あがり症を失敗の言い訳にするようになります。彼らはこう言うのです！「もしわたしがあがり症じゃなかったら、何だってできたのに」。たいていの場合、こうした「もし〜なら」というせりふには、「劣等コンプレックス」が隠されています。

また「劣等コンプレックス」を抱えていることは、「ずる賢い」とか、「用心深い」「知識をひけらかす」「人生の問題が大きいほど、それを排除する」「原則やルールがたくさんあって、行動の選択肢が限られる分野を探し求める」といった特徴からも判断できます。そのほか、「いつも杖などに寄りかかっている」というのも、劣等コンプレックスを抱えているサインです。そういう人は自分を信頼していません。

そしてちょっと変わったことに関心を持つでしょう。たとえば、新聞や広告を集めるといった、取るに足らないことにいつも夢中になっています。彼らはそうやって時間を浪費し、言い訳にします。彼らは、生きるのに役立たないことに深入りしすぎています。そしてそれが長く続けば、強迫神経症を患うことになるでしょう。

問題のある子どもたちは、表面に出ている問題がどんなものであれ、たいていは「劣等コンプレックス」を抱えています。たとえば「怠惰である」というのは、実際には、人生の大事な仕事を排除していることであり、コンプレックスのサインです。「人のものを盗む」というのは、人が無防備であること、あるいは、人がいない隙を悪用することです。「うそをつく」のは、ほんとうのことを言う勇気がないことです。

そうした表に出ている問題は、いずれも、その根っこに「劣等コンプレックス」があると考えていいでしょう。

「神経症」は、「劣等コンプレックス」の発展形と言えるでしょう。人が不安神経症を患っているときには、成し遂げられないことなど、何もありません！　その人は、だれかにつねにつき添ってもらおうとするでしょう。そして、つき添ってもらえたら、目的を果たせることになるのです。不安神経症の人は、まわりの人たちにサポートしてもらうので、まわりの人たちをその人にかかりきりにさせます。このとき、その人の「劣等コンプレックス」が「優越コンプレックス」に転換するのです。何しろ、まわりの人たちは、その人に仕えなければならないのですから！

その人は、まわりの人たちを自分に仕えさせることで、自分が上位に立つのです。同じような転換が、精神を病んだ人々にも見られます。彼らは「劣等コンプレックス」を抱えているので、問題はすべて排除しようとします。そして、問題に直面せざるを得ない状況に陥ったときに、自分は偉大な人物という妄想を抱くことで、「優越コンプレックス」に転換するのです。

## 勇気がないからうまくいかない

これまで見てきた「劣等コンプレックス」や「優越コンプレックス」を抱えたどのケースにおいても、「人づき合い」や「役立つ道」でうまくいかないのは、「勇気」がないからです。社会に適応する道を歩めないのは、勇気がないからなのです。また、勇気がないことに加えて、社会に適応することの必要性と有用性を頭で理解していないことも、適応する道を歩めない原因です。

犯罪者の行動に、こうしたことがはっきり見てとれます。犯罪者の場合は、大きな「劣等コンプレックス」を抱えています。彼らは臆病で愚かです。彼らが「臆病であること」と「社会的な愚かさ」は、どちらも「社会に適応できない」という一つの傾向（性向）の構成要素になっています。

お酒を飲むことについても同じような見方ができるでしょう。大酒飲みの人たちは、問題を抱えて、「息抜き（気晴らし）」を探しています。ですが、臆病なので、生きるのに役立たない息抜き（気晴らし）で満足してしまうのです。

そういう人たちの価値観やものの見方は、勇気のある正常な人たちの「社会的な共通感覚《コモンセンス》」とはまったく異なります。

たとえば、犯罪者はいつも言い訳をしたり、人のせいにしたりします。彼らは、労働者の賃金が割に合わない話を持ち出すこともあれば、自分をサポートしてくれない、残酷なまわりの人たちについて話すこともあります。あるいは、胃袋に命令されたら、もう逆らうことはできないなどと話すこともあります。そして判決が下されると、決まって、少女殺しのヒックマン〔1908~28年。アメリカの誘拐殺人犯〕が語ったような言い訳を見つけ出します。ヒックマンは、自分の犯罪について「すべては神の思し召しだ」と弁解しました。別の殺人犯は、判決が下されて、こう語ったそうです。「おれがあの男の子を殺したって、どうってことないだろ？　あんな子なら、ほかにも何百万人もいるんだから」。また、「世の役に立つたくさんの人が飢えている今のご時世、金持ちのばあさんを殺すのは悪いことではない」などと主張する、哲学者ぶった犯罪者もいます。

そうした主張は、まったくの詭弁のように聞こえますが、実際に詭弁なのです。彼らは、社会に役立たない「目標」のせいで、ものの見方が狭くなっているのです。また、彼らは勇気がないせいで、「目標」の選択肢も狭くなっています。彼らはつねに言い訳をして自分を正当化せずにはいられませんが、生きるのに役立つ「目標」を持っている人は、その目標を正当化する言い訳などしませんし、する必要もありません。

## 退学させられた元優等生

それでは、社会的な姿勢（考え方）や目標を持っていた人が、反社会的な姿勢や目標を持つようになった実際の臨床例を、いくつか紹介しましょう。

最初の例は、当時、もうじき14歳になろうとしていた少女のケースです。彼女は誠実な家族のなかで育ちました。父親は働き者で、働けたうちは家族を養っていましたが、病気になってしまいました。母親は善良で誠実な女性で、子どもたち――全部で6人――のことをとても気にかけていました。

最初の子どもは女の子で、とてもいい子でしたが、12歳で亡くなりました。二人目の子どもも女の子で病弱な子どもでしたが、のちに元気になり、就職して、家計を助けるようになりました。三人目の子どもがここで紹介する少女で、まったく健康な子どもでした。母親はいつも、病気の夫と長女、次女にかかりきりだったので、この少女――ここでは「アン」と呼びましょう――にかまう暇はあまりありませんでした。アンには弟もいて、彼もいい子で病弱でした。その結果、当時の彼女は、両親にとてもかわいがられている姉と弟のあいだで、言ってみれば、押しつぶされたような状態に陥っていました。

彼女もいい子でしたが、きょうだいたちほど気に入られてはいないと感じていたのです。彼女は、自分は軽んじられている、自分が抑えつけられている感じがすると訴えました。

その一方で、学校では、アンはよく勉強しました。彼女は優等生でした。勉強がとてもよくできたので、教師は進学して勉強を続けることを勧めました。そして、まだ13歳半のときに高校に入学しました。その高校で新しい教師に出会いますが、その女性教師には気に入ってはもらえませんでした。たぶん、最初のころは、あまり優秀な生徒ではないといった程度だったのでしょう。ですが、ほめてもらえなくなったために、アンはますます出来が悪くなります。

前の教師にほめてもらっているあいだは、問題のある子どもではありませんでした。彼女はいい成績をとり、同級生たちからも好感を持たれていました。とはいえ、個人心理学に通じた人なら、彼女の友だちづき合いを見れば、ちょっとおかしいことに気づいたはずです。彼女はいつも友人たちを批判し、いつも友人たちを支配したがっていたのです。彼女は「注目の的」になったり、ほめそやされたりするのを好みましたが、批判されるのは大嫌いでした。アンは、ほめてもらうことや、気に入られること、気にかけてもらうことを「目標」としていたのです。彼女は、そうしたことが学校でだけ実現し、家では実現しないことに気づいていました。ところが高校に入ってからは、学校でも実現しなくなってしまいました。教師は彼女を叱りつけ、彼女は授業を受ける準備ができていないと主張し、ひどい成績表を渡しました。

その結果、彼女はとうとう学校を無断で欠席し、そのまま何日か休んでしまいました。ふたたび登校すると、事態はさらに悪化します。しまいには、教師は彼女に、学校を退学すべきだと勧告しました。

しかし、彼女のような生徒を学校から追い出しても、どうにもなりません。そんなことをするのは、学校や教師が、自分たちは問題を解決できないと告白するようなものです。自分で問題を解決できないのなら、まわりの人たちに助けを求めるべきです。まわりの人たちなら、たぶん、何かしらできたでしょう。親御さんに相談すれば、母親が別の学校への転入を手配していたかもしれません。ほかの教師に相談すれば、その教師は、アンのことをもっとよく理解できたかもしれません。

でも彼女の教師は、そんなふうには考えず、こう判断したのです。「無断で学校を欠席し、勉強が遅れるような生徒は、退学させるべきだ」。こうした判断を下したことは、その教師が、個人的な（自分だけの）考え方の持ち主で、共通感覚《コモンセンス》を持ち合わせていないことを示しています。ですが「共通感覚《コモンセンス》」は、教師がとくに身につけるべき資質なのです。

さて、この少女がその後どうなったかは、みなさんも想像がつくでしょう。彼女は人生の最後の「とりで」を失い、自分がどこからも見捨てられたと思いました。学校を退学させられたために、家庭でも、多少はあった彼女への称賛の念まで失ってしまいました。その結果、家庭と学校の両方から逃げ出すことになります。彼女は家出をしました。そして何日か経ってから、彼女が兵士と恋愛関係にあることが判明しました。

わたしは、彼女がどうしてそんなことをしたのか理解できました。彼女は「ほめてもらうこと」を目標とし、このときまで、「役に立つ道」に入るための教育を受けてきました。ですがこのときから、「役に立たない道」で学び始めてしまったのです。

この兵士は、最初のうちは彼女を気に入って、ほめ称えました。ところがしばらくすると、彼女から家族に手紙があり、そこには、彼女が妊娠したこと、そして毒を飲みたいと思っていることが書かれていたのです。

家族に手紙を書くというのは、彼女の性に合っていると考えていいでしょう。彼女はいつも「ほめてもらえる方向」に向きを変えています。そして、その方向に向きを変え続けたら、また家に行き着いたというわけです。彼女は、母親は、自分がいなくなって悲しみに暮れているから、自分が叱られることはないだろうと考えました。家族は、自分の姿を見たら、大喜びするのではないかと思ったのです。

こうしたケースに対処するときには、相手に自分を重ね合わせること、つまり、共感を持って、相手が置かれている状況に自分を置いてみることが、何より大切です。相手は、「ほめられること」を望み、その一つの目標に向かって突き進んでいる少女です。わたしがそういう相手に自分を重ね合わせるとしたら、「わたしだったら、どうするだろう?」と考えるでしょう。そのときには、相手の性別や年齢も考慮する必要があります。

また、わたしたちは、彼女のような人をつねに勇気づけるべきです。ただし、「役立つ道」

に向かうよう勇気づけなければなりません。そして、彼女がこんなことを言うようなレベルまで導くべきです。「たぶん、わたしは学校をかえればいいんです。それでも、勉強についていけると思うんです。これまでは、勉強が足りていなかったし、ものの見方が間違っていたんでしょう。高校では、わたしの個人的な考えにこだわりすぎて、先生のことを理解していなかったんだと思います」。

もしわたしたちがこの少女のような人に「勇気」を与えることができたら、その人は「役立つ道」で学べるようになるはずです。人を荒廃させるのは、「劣等コンプレックス」とつながっている「勇気の欠如」なのです。

では、彼女が置かれている状況に、別の人を置いてみましょう。たとえば、彼女と同じ年の少年が彼女の状況に置かれていたら、その少年は犯罪者になっていたかもしれません。わたしは、そういうケースを何度も見てきました。

少年が学校で「勇気」を失った場合は、まわりの人たちと疎遠になり、不良グループのメンバーになる可能性が高いです。そういう行為は容易に理解できます。そういう少年は、希望と勇気を失うと、学校を遅刻し始め、親の筆跡をまねて欠席届を偽造し、宿題はやらなくなり、学校をさぼって過ごせる場所を探すようになります。そういう場所で、少年は、自分と同じような経験をした仲間を見つけ、不良グループのメンバーになるのです。少年は、学校では関心のあるものが何一つなくなり、個人的な（自分だけの）考えをますます深めることになるでしょう。

「劣等コンプレックス」は、「自分には何の才能もない」という考えと結びついていることがよくあります。そういう考えは、「世の中には才能に恵まれた人と、そうではない人がいる」という考え方と軌を一にします。ですが、そういう考え方をすること自体が、「劣等コンプレックス」を抱いていることを示しています。

個人心理学では、「人はみんな、どんなことでも成し遂げられる」と謳《うた》っています。少年や少女がこの言葉に従うのをあきらめ、生きるのに役立つ自分の「目標」を達成できないと感じていたら、それは、「劣等コンプレックス」を抱えているサインです。

## 勇気が人生を決める

わたしたちは、「劣等コンプレックス」を抱くのは、遺伝で受け継いだ特徴のせいだと思い込むことがあります。この思い込みが事実だとしたら、つまり、成功するかどうかが、生まれながらの資質で決まるとしたら、心理学を学んだカウンセラーにも、何の手助けもできないでしょう。

しかし実際には、成功するかどうかは、「勇気」があるかどうかで決まりますし、カウンセラーは、絶望的な気分を希望に満ちた気分に変えることを仕事としています。人は、希望に満ちた気分になったら、有意義なことを実行するエネルギーがわくのです。

わたしは、16歳ぐらいの少年が学校から追い出され、絶望のあまり自殺してしまったケースを何度か見ています。自殺は一種の「リベンジ」で、まわりの人たちへの非難が込められています。そういう少年は、自殺することで自分を肯定したのですが、「共通感覚《コモンセンス》」ではなく、個人的な（自分だけの）考えにもとづいて肯定したのです。絶望に陥っている少年に対処するには、その少年を説得して、有意義な道を選ぶ勇気を与える必要があります。

取り上げたい事例はほかにもたくさんあります。では、家庭でかわいがられていない、11歳の少女のケースを見てみましょう。ほかのきょうだいたちはみんなかわいがられていたので、少女は、この家では自分は邪魔者なのだと感じていました。彼女は怒りっぽく、攻撃的になり、親の言うことも聞かなくなりました。このケースについては、ごく単純に分析していいでしょう。

彼女は、自分は大事にされていないと感じていました。最初のうちは、大事にされようとがんばりましたが、そのうち希望を失いました。そんなある日、彼女は盗みに手を染めます。個人心理学では、子どもが盗みを働いたら、それは「犯罪」というよりむしろ、自分を豊かにするために行動した一つの「症例」とみなします。人は、「自分は恵まれていない（必要なものが不足している）」と感じていないなら、「自分を豊かにしよう」とは思わないものです。ですから、彼女がものを盗むのは、家庭で愛情に恵まれていないことと、希望がないと感じていることとの結果なのです。

子どもがものを盗み始めたら、その子どもは「自分は恵まれていない」と考えていると受けとめていいでしょう。たとえその考えが、事実を反映したものではなかったとしても、その考えが、子どもが行動を起こす心理的な要因になっているのです。

ではもう一つ、8歳の男の子のケースを見てみましょう。彼は、非嫡出子で、元気のない、醜い子どもでした。里親（養父母）と暮らしていましたが、里親は彼の世話をきちんとせず、ほったらかしにしていました。母親（養母）が時々、彼にキャンディーを与えました。彼にとってはそれが、人生のなかの一番楽しいできごとでした。キャンディーをもらえないことが長く続くと、彼はひどく残念に思いました。母親は、高齢の男性を夫に選び、女の子を一人もうけていました。その高齢の夫にとっては、その女の子が唯一の楽しみで、いつも彼女を甘やかしていました。この夫婦が、男の子の里親を続けていた唯一の理由は、里親に支払われる養育費を失いたくなかったからです。

高齢の父親（養父）は、出かけたときには、いつも幼い娘におみやげのキャンディーを買ってきましたが、男の子には買ってきません。結果的に、彼は女の子のキャンディーを盗むようになりました。彼が盗みを働いたのも、「自分は恵まれていない（必要なものが不足している）」と感じ、自分を豊かにしたかったからです。

父親は、盗みに気づくたびに、彼を殴りました。でも彼は盗みをやめませんでした。彼が殴られても盗み続けるのなら、彼には「勇気」があると思う人もいるかもしれません。ですが、そうではありませんでした。彼はいつも、「気づかれませんように」と願いながら盗んでいたのです。

これは、「仲間とはどういうものか」を経験していない「嫌われた子ども」のケースです。わたしたちはそれを彼に経験させる必要があります。彼に、人々の「仲間」として暮らす機会を提供しなければなりません。彼が、まわりの人たちに自分を重ね合わせ、彼らの立場に自分を置けるようになったとき、彼が盗みを働いたことに養父が気づいたときに養父はどう思ったか、キャンディーがなくなっていることに女の子が気づいたときに彼女はどう思ったかを、理解できるようになるでしょう。この「嫌われた子ども」が「劣等コンプレックス」を抱いたケースからも、「共同体感覚」と「理解力（分別）」「勇気」がないことで「劣等コンプレックス」が生まれることがわかっていただけるのではないでしょうか。

# 第11章　恋愛と結婚で大切なこと

## いい恋愛や結婚をするには

恋愛や結婚に向けて適切な準備をするには、何よりもまず、「仲間」を作り、社会（まわりの人々）に適応する必要があります。そうした一般的な準備をすると同時に、将来、結婚生活や家庭生活において性的欲求を正常な形で満たせるように、幼少期から大人として成熟するまでの「性的欲求」について、ある程度学習しておいたほうがいいでしょう。

もし、幼少のころに作られた「原型」を見ることができたら、その人の恋愛や結婚に関する能力や障害（欠陥）、傾向（性向）が、すべてわかるはずです。わたしたちは、子どもを観察して、「原型」にどんな特徴があるかを見極めることで、その子どもが大人になったときにどんな問題を抱えるかを予測することができます。

恋愛や結婚で抱える問題も、一般的な人間関係の問題と同じ性質のものです。一般的な人間関係と同じような苦労があり、同じような務めがあるので、恋愛や結婚は何でも思い通りになるパラダイス（楽園）のようなものと思ったら大間違いです。恋愛や結婚をしている限り、いくつかの「務め」があり、つねにパートナーを気にかけながら、それを果たす必要があります。

恋愛や結婚生活では、通常の社会適応の問題に対処するとき以上に、優れた「共感力」——相手に自分を重ね合わせる能力——が必要です。最近は、家庭生活への適切な準備ができている人が少ないのではないでしょうか。もしそうだとしたら、それは、相手の目で見て、相手の耳で聞き、相手の心で感じることができる人が少ないということです。

これまでの章では、自分のことにしか関心がなく、他人には関心がない子どもを主に取り上げてきました。そういうタイプの子どもが大きくなり、身体的には性的な成熟を遂げたとしても、すぐに性格が変わることは期待できません。そういう人は、社会のなかで生活する準備ができていないのと同様に、恋愛や結婚への準備もできていないでしょう。

「共同体感覚」を養うには時間がかかります。幼少のころから、「共同体感覚」が身につくような教育を受けてきた人や、つねに生きるのに役立つ道で努力してきた人たちだけが、「共同体感覚」を備えることになるのです。ですから、異性とともに生きる準備が十分にできている人かどうかを見極めるのは、みなさんにとって、それほどむずかしいことではありません。

生きるのに役立つ道を歩んでいる人について、これまでお伝えしてきたことを思い出すだけでいいのです。その道を歩む人は、勇気があり、自分に自信を持っています。問題が起これば、それに向き合い、解決に乗り出します。仲間や友人がいて、まわりの人たちともうまくやっています。こうした資質を持ち合わせていない人は、信用しないほうがいいでしょう。恋愛や結婚の準備ができているとは思えません。

一方、職に就き、そこで徐々に出世している人は、結婚する準備ができていると判断していいでしょう。こんなふうに、ささいなサインで判断しますが、こうしたサインは、人が「共同体感覚」を備えているかどうかを示しているので、大きな意味があります。

「共同体感覚」がどんなものかがわかっていただけたら、恋愛や結婚をしている二人が抱える問題は、「二人は完全に同等（平等）だ」という考え方ができて、初めて満足のいく解決につながることもわかっていただけるのではないでしょうか。両者の公平なギブ・アンド・

テイク（互いに利益があること）が大事なのです。

問題の解決には、二人の一方がもう一方を大事に思っているかどうかは、それほど重要ではありません。「愛する気持ち」にもいろいろな形があるので、「愛する気持ち」だけでは、問題は解決できないのです。「二人が同等な状態」という正しい土台があって、初めて、「愛する気持ち」が適切なコースをたどり、結婚生活を成功へと導くことになるのです。

もし男性か女性のどちらかが、結婚したら自分が支配者になりたいと考えているなら、結婚生活は散々な結果に終わる可能性が高いです。そういう考えを抱いて結婚を楽しみに待つのは、正しい準備ではありません。結婚後のできごとがそれを証明することになるでしょう。支配者が存在すべきではない状況で、支配者になることは不可能なのです。結婚生活で必要なのは、パートナーを気にかけることと、パートナーの立場に自分を置くことです。

## 結婚に必要な準備とは

ではここからは、結婚に向けて、とくに必要なのはどんな準備かを考えてみましょう。そうした準備の一つは、これまでお伝えした通り、性的魅力を感じている相手に対して、「共同体感覚」を発揮できるよう訓練することです。

実際には、わたしたちは子どものころから「理想的な異性」を頭に描いています。男の子の場合は、母親が「理想的な異性」になることが多く、そういう男の子が成長したら、結婚相手として母親と似たタイプの女性を探すことになるでしょう。ときには、男の子と母親が不幸な対立関係に陥ることもあります。その場合は、母親と正反対のタイプを探すことになるでしょう。

男の子の母親との関係が、彼がのちに結婚する女性のタイプに大きな影響を与えるので、もしわたしたちが、結婚する女性を観察することができたら、彼女の目元とか体形、髪の色といった細かなところに、母親の影響が見られることに気づくでしょう。

母親が支配的で、男の子を抑えつけるような人だったら、男の子が恋愛や結婚をする時期が来ても、彼は、勇気を出して恋愛や結婚にのぞもうとは思わないでしょう。そうしたケースでは、彼が理想とする性的対象は、気弱で従順なタイプの女性である可能性が高いです。あるいは、男の子が攻撃的なタイプの場合は、彼は結婚してからも妻を相手に戦い、彼女を支配したいと思うでしょう。

子どもが成長して、恋愛の問題に直面すると、子ども時代に示していた、サインとなるさまざまな資質が強調され、増大するものです。わたしは、「劣等コンプレックス」を抱えている人が異性との性的な行為の際にどう振る舞うか想像がつきます。そういう人は、自分は弱い、人より劣っていると思っているので、そういう思いが、いつも相手にサポートしてもらいたがるという態度に表れることになります。そういうタイプの人の理想の相手は、性格的に優しい人です。

あるいは、「劣等コンプレックス」を埋め合わせるために、自分は弱い、人より劣っているという思いとは裏腹に、恋愛では、傲慢で生意気で、攻撃的な態度をとる人もいます。この場合も、とても勇気のある男性でない限り、相手の選択肢が限られていると感じることになるでしょう。ただし、もしかすると、攻撃的な女性を選ぶ男もいるかもしれません。その場合は、彼は、厳しい戦いで勝者（支配者）になったほうがカッコいいと思っていると考えていいでしょう。

男性であれ、女性であれ、そういうつき合い方をしても、うまくはいかないでしょう。「劣等コンプレックス」を埋め合わせたり、「優越コンプレックス」を満たしたりするために性的関係を利用するなんて、ばかげているように思えますが、実際には、けっこうよくあります。

多くの人が探し求めている「お相手」は、実際には「犠牲者（いけにえ）」なのです。そういう人たちは、性的関係を利用しても、「コンプレックス」の解消にはならないことをわかっていません。一方が「支配者」になろうとしたら、もう一方も、自分も「支配者」になりたいと思うことになるので、「コンプレックス」の解消にはならないのです。二人が「支配者」になりたいと思ったら、結果的に、いっしょにはやっていけないことになるでしょう。

異性との関係を利用してコンプレックスを満たそうとしている人は、相手の選び方に特徴があります。コンプレックスを満たそうとしていると考えなければ、理解できないような相手を選ぶのです。一部の人たちが、弱い人や病気の人、年をとった人を選ぶのは、それが理由でしょう。そういう人を選ぶのは、そういう人が相手なら、コンプレックスを満たしやすいからです。

ときには、コンプレックスを満たそうとしている人が、既婚の人を選ぶこともあります。そういう人には、結婚という問題を解決する気がありません。またコンプレックスを満たそうとしている人のなかには、同時に二人の男性、あるいは女性と恋愛関係を持つ人もいます。その理由は、前にもお伝えした通り、「女性二人でも、一人分に満たない」と思っているからです。

これまでいくつかの事例で見てきたように、「劣等コンプレックス」を抱えている人は、仕事を変えたり、問題と向き合うのを拒んだり、始めたことを最後までやり遂げることができなかったりします。そういう人は、恋愛の問題に直面したときにも、同じようにします。そういう人が、既婚者を好きになったり、二人の人を同時に好きになったりするのは、いつもの癖が出ているだけなのです。

別の形で、いつもの癖が出る人もいます。たとえば、婚約期間をやたらに長くとるとか、交際を続けるだけでいつまでも求婚しないといった形で、結婚を成立させない人もいます。子どものころに甘やかされた人は、結婚生活においても典型的な「甘やかされた子ども」です。そういう人は、結婚相手が甘やかしてくれることを望んでいます。そういうことを望んでいても、結婚前の交際期間中や、結婚後の最初の数年間は、とくに問題は起こらないでしょう。ですが、そのあとは、厄介な事態を招くことになります。

みなさんも、甘やかされた者同士が結婚したらどうなるか、想像がつくのではないでしょうか。妻も夫も、自分が甘やかされることを望み、甘やかす人の役はやりたがりません。それではまるで、お互いが、決してもらえないプレゼントを期待して、相手の前に立っているようなものです。二人とも、「自分はわかってもらえていない」という気持ちを抱えることになるでしょう。

人が「自分はわかってもらえず、思うように行動できない」と感じたら、どうなるでしょうか。その人は、劣等感を覚え、自由になりたいと思うでしょう。そして劣等感や自由になりたいという思いは、夫婦間では、ことのほか強くなります。その人が大きな絶望感を覚えたなら、なおさらです。そんなときには「リベンジしたい」という気持ちが芽ばえます。そして、パートナーの人生を邪魔しようと思うようになります。

その思いを遂げる一般的な方法は、浮気をすることです。浮気をするのはリベンジなのです。確かに、浮気をした人は決まって、自分がほんとうに愛しているのは君だなどと主張して、弁解しますが、そうした感情表現を額面通りに受け取ることはできません。感情表現はつねに、「自分が上に立つ」という目標に沿ったものになるので、「主張」とみなすべきではありません。

## 結婚生活が破綻する人

実例として、甘やかされて育った女性のケースを紹介しましょう。彼女が結婚した相手は、弟に座を奪われたと感じながら育った男性です。そういう男性が、「一人だけの女の子」

だった彼女の温厚さや愛らしさに惹かれたのも無理はありません。そして彼女のほうは、ほめてもらうことや優先されることをいつも期待していました。二人はとても幸せな結婚生活を送っていましたが、子どもが生まれてからは一変します。

子どもが生まれてから、二人がどうなったかは、みなさんも想像できるのではないでしょうか。妻は、「注目の的」になりたいと思っていたので、子どもがその座につくのではないかと恐れていました。ですから、子どもが生まれても、あまりうれしくはありませんでした。一方、夫のほうも、自分が優先されることを望んでいたので、子どもが自分の立場を奪うのではないかと恐れていました。その結果、妻も夫も疑い深くなりました。彼らは、ネグレクト（育児放棄）のようなことはしなかったでしょうし、とてもよい親だったでしょうが、お互いに、自分への愛が薄れていないか、つねに確かめるようになりました。それは危険な行為です。

なぜなら、そういう目で、相手の言葉や行動、立ち振る舞いや表情を逐一チェックしたら、簡単に愛が薄れていることに気づく、あるいは、薄れているように見えるからです。それが実際に起こったのは、妻は子どもの出産から回復し、子どもの世話をする一方で、夫のほうは長期休暇に入り、パリに旅行に行って楽しく過ごしていたときのことでした。夫はパリから妻に何度か陽気な手紙を書いて、自分がどんなに楽しいときを過ごしているかといったことや、いろいろなタイプの人々に出会ったことを伝えました。

妻は、自分は忘れられたと思うようになりました。ですから、以前のような幸福感は消え失せ、ひどく落ち込むようになり、ほどなく、広場恐怖症の症状が出始めました。もはや一人では外出できません。旅行から戻った夫は、彼女にいつもつき添うことになりました。そうなったことで、彼女は、少なくとも表面的には、目的を果たし、「注目の的」になったように見えます。ですが彼女は、それでもなお、適切な満足感は得られなかったようです。それは、彼女には、自分が広場恐怖症じゃなくなったら、夫は自分から離れるだろうという思いがあったからです。結果的に、彼女の広場恐怖症はしばらく続くことになりました。

彼女は広場恐怖症になったので、医師に診てもらったのですが、その医師は彼女のことをとても気にかけてくれました。そんな医師といっしょにいると、彼女はことのほかいい気分になりました。彼女はその医師に対して友情のような気持ちを抱きます。ですがその後、医師は患者が回復したと判断し、彼女と会うことはなくなりました。そんなある日、医師は彼女から感じのいい手紙を受け取ります。そこには、世話になったことへの感謝の気持ちがつづられていましたが、返事は出しませんでした。このとき以降、彼女の広場恐怖症は悪化してしまいます。

彼女はそのころから不倫を考えるようになり、ほかの男たちとの不倫を空想するようになります。ところが、広場恐怖症が彼女をガードしました。何しろ一人では外出できずに、いつも夫につき添われていたのですから。結果的に、彼女は不倫を実現できませんでした。

わたしたちが夫婦を観察したら、「何でそんなことをするのか？」と思わざるを得ないような間違いに、たくさん気づくものです。わたしは、そうした間違いが子ども時代に始まっていることに気づきました。また、人の「原型」の特徴を見極めることで、その人の間違った「ライフスタイル」を改善できることもわかりました。

そんなわけで、わたしとしては、個人心理学の手法を使って、結婚生活のトラブルを解決するカウンセリングセンターのようなものを設立できないものかと思案しています。そのカウンセリングセンターを構成するのは、人の人生で起こるさまざまなできごとを関連づけて一つの方向性を見つける方法を理解しているカウンセラーや、アドバイスを求めている人々に共感を持って自分を重ね合わせることができるカウンセラーたちになるでしょう。

そうしたカウンセリングセンターなら、夫婦がこんなことを言われることはありません。「あなたがたは仲よくやっていけません。いさかいが絶えることはないでしょう。あなたがたには離婚を勧めます」。離婚することに、どんなメリットがあるというのでしょうか? 離婚したあとはどうなるでしょう? たいていの場合、離婚した人は、また結婚して、以前と同じ「ライフスタイル」を続けたがるものです。

なかには、結婚と離婚を何度も繰り返しているのに、それでもまだ再婚する人もいます。そんなことをしても同じ間違いを繰り返すだけです。そういう人たちでも、このカウンセリングセンターでは、新しい結婚生活や恋愛関係がうまくいく可能性があるかどうか、たずねるのではないでしょうか。あるいは、離婚にいたる前に、相談を持ちかけるのではないでしょうか。

子ども時代に始まるちょっとした思い違いのなかには、結婚するまで重要な間違いであることに気づかないものがたくさんあります。たとえば、世のなかには、自分はきっと失望することになるといつも思っている人がいます。そして、子どもたちのなかにも、幸せを感じることのない子どもや、失望するのを絶えず恐れている子どもがいます。

そういう子どもは、自分は座を奪われて、もう愛されていない、別の子どもが優先されていると感じているか、幼少期につらいできごとを経験したために、そのできごとがまた起こるのではないかと、盲目的に恐れているかのどちらかです。そうした「失望するのを恐れる気持ち」は、結婚生活では、「嫉妬」や「疑念」を生み出すことになります。

女性たちには、「女はしょせん、男がもてあそぶ玩具にすぎない」「男は必ず浮気をする」と思ってしまうという、特有の問題があります。そのように思っていたのでは、幸せな結婚生活を送ることにはならないでしょう。夫婦のどちらかが、「この人は浮気する」という固定観念を抱いていたら、どちらも幸せにはなれません。

人々がつねに「恋愛や結婚」についてのアドバイスを求めていることを考えれば、たいていの人は「恋愛や結婚」を、人生の最も重要な課題とみなしているのではないかと思います。ですが個人心理学の立場から言えば、「最も重要な課題」ではありません。その重要性を軽視するつもりはありませんが、個人心理学では、人生のどれか一つの課題をほかの課題より重視することはないのです。もし、「恋愛や結婚」の課題を何よりも重要だとみなして、その課題に打ち込んだとしたら、人生の調和を失うことになるでしょう。

「恋愛や結婚」の課題が必要以上に重視されているのは、ほかの課題と違って、「恋愛や結婚」については、わたしたちがきちんとした教育を受けていないからではないでしょうか。人生の三つの大きな課題について、これまでお伝えしてきたことを思い出してみてください。

一つ目の「人づき合い」という課題には、まわりの人たちへの振る舞い方も含まれています。

この課題については、わたしたちは、社会（集団）生活が始まる最初の日に、ほかの子どもたちといっしょのときには、どう振る舞えばいいかを教わります。ですから、「人づき合い」については、早い段階で学ぶことになります。

同様に「仕事」についても、わたしたちは、きちんとした職業訓練を受けることができます。仕事のやり方を教えてくれる指導者もいますし、どうしたらいいかを教えてくれる本もあります。ですが、どうすれば「恋愛や結婚」への準備ができるかを教えてくれる本など、どこにもありません。

確かに、恋愛や結婚をテーマにした本はいくらでもあるでしょう。たいていの文学作品はラブストーリーを伝えていますが、幸せな結婚生活を伝えるものは、ほとんど見当たりません。文学作品は、わたしたちの文化を色濃く反映しているので、作品に登場する、苦境に陥ってばかりいる男性や女性に、だれもが注目します。人々が結婚に慎重になったり、慎重になりすぎたりするのも、無理はありません。

そもそも人間は、人類の歴史が始まったころから、異性とのつき合いには慎重でした。わたしたちが聖書を読めば、そこには、女性が元であらゆるトラブルが始まり、それ以来、男たちと女たちは、必ず、男女関係で大きな危機に見舞われるようになったことが語られています。

わたしたちが受ける教育にしても、教わることは、従うには厳しすぎることなのは明らかです。まるで異性と関係を持つことが罪であるかのような教育を行うのではなく、少女たちには結婚生活における女性の役割を教え、少年たちには男性の役割を教えたほうがはるかに賢明だと思います。ただし、彼らへの教育は、少女たちと少年たちが、自分たちは同等だと思えるような形で行わなければなりません。

「女性たちが男性に対して劣等感を抱いている」という現状が、わたしたちの文化が、その点で失敗していることを証明しています。もし読者のみなさんが、そのことに納得できないなら、女性たちの奮闘ぶりに目を向けてみてください。そうすれば、女性たちは、男性たちを超えたいといつも思っていることや、女性たちが背伸びをしたり、必要以上に鍛えたりしていることがよくあることに気づくはずです。

また、女性は男性よりも自己中心的です。これからは、女性たちに、もっと「共同体感覚」を身につけて、まわりの人のことを考えずに自分の利益を追求するのはやめるよう、教える必要があるでしょう。ですが、そのためには、まずは、「男性にはいろいろな特権がある」という思い込みを取り除かねばなりません。

## 結婚に向かない人の見ぬき方

では、ちょっとしたできごとを紹介しましょう。このできごとは、なかには結婚する準備があまりにもできていない人がいることを物語っています。

ダンスホールで、若い男が、結婚の約束をしているかわいい女性とダンスをしていました。彼は、眼鏡を落としてしまいます。すると彼は、まわりの人たちがひどく驚いたことに、いっしょに踊っていた女性をすごい勢いで突き飛ばし、眼鏡を拾い上げたのです。彼女は危うくひっくり返るところでした。友人が彼にたずねました。「どうしてあんなことをしたんだい？」。彼はこう答えました。「彼女が僕の眼鏡を踏んづけたらいけないと思ったんだ」。彼は、結婚への準備ができていなかったのです。そして実際、女性は彼と結婚しませんでした。

彼は後年、医師のところへ行き、うつ病で苦しんでいると伝えています。うつ病は、自分のことしか気にかけない人によく見られる病気です。

結婚への準備ができていないことを示すサインはいくらでもあるので、みなさんはそうしたサインを通じて、自分の相手が、準備ができているかどうかを判断できます。

たとえば、恋人が「約束の時間に遅れてやって来て、謝りもしない」としたら、その人を信用してはいけません。そうした行為は、「ためらいの姿勢」を示しています。ためらいの姿勢は、人生の問題に向き合う準備ができていないというサインです。

また、自分の恋人に「年じゅうものを教えたがる」とか、恋人を「年じゅう批判したがる」のも、準備ができていないサインです。それから、「神経質である」というのもよくないサインです。それは、「劣等コンプレックス」を抱えているサインだからです。

「友だちがいなくて、まわりの人たちとうまくつき合えない人」も、結婚生活への十分な準備ができていません。また「仕事を決めるのを先延ばしにしている」というのもいいサインではありません。また「悲観的な人」もふさわしい相手とは言えません。そういう人は間違いなく、問題に向き合う勇気がないからです。

ただし、こうした「望ましくないこと」リストがあっても、結婚の相手選びをあまりむずかしく考える必要はありません。適切な相手というより、適切な範囲に入っている相手を選べばいいのではないでしょうか。理想的な相手が見つかることは期待できません。もし、理想的な結婚相手を見つけようとしたなら、そんな人は見つからないので、結婚をためらうことになるでしょう。だれかとつき合っても、結婚したいとは思わないでしょう。

ドイツには、カップルが結婚への準備ができているかどうかを判断するための、昔ながらの方法があります。農村地域では、カップルと親族が木のそばに集まって、次のような儀式を行うのが習わしになっています。両端に持ち手のついた二人用ののこぎりをカップルに渡し、それぞれに一方の持ち手を持ってもらい、木の幹を切らせます。そのまわりを親族が囲み、二人を見守ります。カップルは、二人で木を切らねばなりません。お互いが相手のことを気にかけ、相手の手の動きに調子を合わせる必要があります。ですから、この方法は、結婚にふさわしい相手かどうかを判断する格好のテストと考えていいでしょう〔今のドイツでは、結婚式で、カップルがのこぎりで丸太を切るイベントが行われている〕。

この章を締めくくるにあたって、もう一度お伝えしますが、「恋愛や結婚」の課題は、社会（まわりの人々）にうまく適応できる人だけが達成することができます。恋愛や結婚でうまくいかないのは、たいていは「共同体感覚」を備えていないことが原因で、恋愛や結婚がうまくいくようにするには、二人が向上するしかありません。

結婚生活は、二人で行う仕事です。ところが、わたしたちが受けている教育は、一人で行える仕事か、大勢で行う仕事のためのものばかりで、二人で行う仕事のための教育ではありません。ですが、教育を受けていなくても、結婚という仕事は、二人が自分の性格上の欠点を認め、「二人は同等だ」という考え方でやっていけば、うまくいくものです。

ここでつけ加えるまでもないでしょうが、結婚の最高の形は「一夫一婦婚」です。ニセ科学を根拠にして、一夫多妻制のほうが人間の本性に合っている、などと主張する人がたくさんいます。ですが、その主張が受け入れられることはないでしょう。なぜなら、わたしたちの文化では、恋愛や結婚は、社会的な仕事と考えられているからです。わたしたちが結婚するのは、個人だけのためではなく、間接的ではありますが、社会（集団）のためでもあるのです。結局のところ、結婚は、人類のためのものと言えるでしょう。

# 第12章　子どもの性とどう向き合うのか

## 「性」にはたくさんの「思い込み」がある

前の章では、「恋愛や結婚」の一般的な問題についてお伝えしました。次は、同じ「恋愛や結婚」という課題のもっと特殊な側面、つまり「性的欲望（性的関心）」の問題や、その問題の、現実や空想での「性的異常」への影響に目を向けてみましょう。

前の章でお伝えしたように、たいていの人が、「恋愛や結婚」の課題については、人生のほかの二つの課題ほど、十分な教育を受けていませんし、十分な準備ができていません。そして「性」というテーマについては、「恋愛や結婚」以上に、教育や準備が十分ではないと考えていいでしょう。「性」については、驚くほどたくさんの「思い込み」があり、そうしたものを一掃しなければなりません。

最もよく見られる「思い込み」は、遺伝で受け継ぐ（生まれながらの）資質についてのもので、「性欲や性的能力は、人によって差があるが、遺伝で受け継いだものなので、変えることはできない」という考え方です。ご存じの通り、「これは遺伝なのだ」という考えは、弁解や言い訳に使われやすく、弁解することが、その問題を改善する妨げになっています。

そういうこともあるので、ここでは、学者が提唱している一部の説について、間違っていることをはっきりさせておいたほうがいいでしょう。門外漢の一般の人々は、そうした説をあまりにも真に受けているように思えます。真に受けている人々は気づいていませんが、そうした説を唱えている人たちは、結果を示しているだけで、性欲はどの程度抑制できるかといったことや、結果の根拠となっているもの——性欲の人為的な刺激——については、何も説明していません。

## 子どもの「性」の取り扱い方

性的能力は幼少期の子どもにもあります。生まれてから数日しか経っていない男の赤ちゃんでも、乳母や母親が注意深く観察すれば、ちょっとした勃起やふくらみに気づくでしょう。とはいえ、そうした「性的能力の発揮」は、みなさんが考えるよりはるかに生育環境の影響を受けます。ですから、子どもがそうした形で自分の能力を発揮し始めたら、親御さんは、彼の気をそらす方法を見つけたほうがいいでしょう。親御さんが気をそらす手段として使うものが、適切ではないことも多く、ときには適切な手段を利用できないこともあります。

もし幼少期の子どもが、自分の性器がうまく機能しないことに気づいたら、その子どもはおのずと勃起への欲求を人一倍強めることになるでしょう。前にもお伝えした通り、そうしたことは、身体のほかの器官に欠陥がある場合にも見られ、性器についても例外ではありません。ですが、早い時期から始めれば、教育を通じて、そういう子どもを適切な方向に導くことができます。

一般的には、子ども時代の「性的能力の発揮」は、まったく正常なものと言っていいでしょう。ですから、わたしたちは、子どもの勃起を目にしても、おびえるべきではありません。

結局のところ、男性と女性という二つの性があるのは、二つの性が最終的には結合するためなのです。ですからわたしたちは、子どもの「性的能力の発揮」に対しては、「用心しながら待機する」という方針でのぞむべきです。つまり、わたしたちは、子どものそばで待機し、「性的能力の発揮」が間違った方向に発展しないよう用心する必要があるということです。

生まれながらの障害と考えられているような「性的指向」も、ほんとうは、子ども時代にその性的指向を無意識のうちに強化（訓練）したことが原因なのです。なかには強化するという行為そのものを、遺伝で受け継いだ資質とみなす研究者もいます。つまり、子どもが異性よりも自分の性に興味があるなら、そうした指向は、遺伝で受け継いだ障害と考えられているということです。ですがご存じの通り、この手の障害は、少しずつ強くなっていくものです。

またときには、子どもや大人に「性的倒錯」〔性欲が質的に異常な状態。露出、のぞき見、フェティシズム、小児性愛、性的マゾヒズム、性的サディズムなどの形がある〕の兆候が見られることもあります。この場合も、多くの人が「性的倒錯」は遺伝で受け継いだ資質だと思い込んでいます。ですが、それがほんとうなら、彼らの性的倒錯が次第に強くなるのは、どういうわけでしょう？　どうして彼らは、夢のなかで、性的倒錯の行為をリハーサルするのでしょう？

なかには、時期が来たら、そうした「強化（訓練）」をしなくなる人もいます。なぜしなくなるかは、個人心理学の考え方にもとづいて説明できます。

たとえば、世のなかには、失敗を恐れる人たちがいます。彼らは「劣等コンプレックス」を抱えています。あるいは、「失敗を恐れる気持ち」が強化された結果として、「優越コンプレックス」を抱くこともあります。その場合は、性的能力を誇示しているように見えるオーバーな立ち振る舞いを見せることになるでしょう。そういう人は、人一倍、精力が強い可能性があります。

人は、環境に刺激されて性欲を抱くこともあります。ご存じの通り、写真や本、映画、だれかとの出会いなどが刺激となって性的欲求が高まることはよくあります。今の世のなかには、「性」への興味をかきたてるものが、いくらでもあると言っていいでしょう。なかには、今の世のなかは「性」を強調しすぎていると主張したいために、「性的欲求」の重要性や、それが恋愛や結婚生活、子作りで重要な役割を果たしていることを軽視する人もいます。ですが、軽視する必要などありません。

用心しながら子どもを見守っている親が、一番やってはいけないのは、子どもの性的な傾向を誇張することです。たとえば、母親が子どもの自慰行為に注意を払いすぎるために、子どもがその行為の意味を過大評価することがよくあります。そういう母親はたぶん、恐怖に襲われて、子どもにかかりきりになり、しょっちゅうその行為について問い詰めたり、罰したりするのではないでしょうか。

ご存じの通り、たいていの子どもは「注目の的」になるのが好きです。そのため、子どもは、その習慣のことで注目され、叱られるからこそ、その習慣を続けることがよくあります。子どものそうした行為については、過度に重視せず、子どもの一般的な問題の一つとして対処したほうがいいでしょう。親御さんのほうでも、子どものそうした行為がとても気になっていることを子どもに伝えないほうが、はるかに楽に過ごせるはずです。

ときには、子どもに対する昔ながらの行為が、子どもの性的傾向を決定づけることもあります。たとえば、母親は、子どもに愛情を抱くだけではなく、キスや抱擁といった行為で愛情を表現します。そうした行為が多すぎるのはよくありません。お母さん方の多くは、そういうことをやらずにはいられないとおっしゃいます。ですが、そうした行為は、母性愛による行為とは言えません。わたしに言わせれば、そうした行為を繰り返すのは、子どもを自分の「子ども」として扱っているというより、「敵」として扱っていることになります。甘やかされた子どもは、「性」の面では、十分な発達を遂げることはありません。

## 何が「性」の問題を引き起こすのか

　そのことに関連して、医師や心理学者の多くが、性的能力の発達が、知能や精神、あらゆる身体能力の発達の土台になると思い込んでいることを、お伝えしておきましょう。ですが今のわたしは、その考えは正しくないと思っています。なぜなら、わたしは、性的能力の発達や性的傾向は、パーソナリティー――つまり、「ライフスタイル」と「原型」――によって決まると考えているからです。

　たとえば、一人の子どもは、性的欲求を発散し、もう一人の子どもは、それを抑えつけているとしましょう。わたしはどちらの子どもについても、大人になったときにどうなるかを予測することができます。もし、その子どもが注目の的になることや支配することをいつも望んでいるとしたら、その子どもの性的能力や性的傾向も、人を支配し、注目の的になれるようなものになると予測できます。

　一夫多妻の形で性的欲求を発散する人たちは、「自分は人より優れている」「自分が支配力を持つ」と思い込んでいると考えていいでしょう。そう思い込んでいるから、たくさんの女性と性的関係を持てるのです。それを考えれば、彼らが心理的な理由から、意図的に、性的能力や性的傾向を強調しているのだと容易に判断できます。彼らは、それを強調すれば、「支配者」になれると考えているのです。そんな考えはもちろん幻想にすぎませんが、彼らはそう考えることで「劣等コンプレックス」を埋め合わせています。

さまざまな性的異常の根っこにあるのは「劣等コンプレックス」なのです。「劣等コンプレックス」にさいなまれている人は、いつも最も楽な逃げ道を探しています。ときにはそういう人が、性生活以外の人生のほとんどの分野を排除し、性生活を強調することで、最も楽な逃げ道を見出すこともあります。

最も楽な逃げ道を見つける傾向は、子どもにとてもよく見られます。たいていは、まわりの人たちの注意を引きたがる子どもたちに見られます。彼らは問題を起こすことで親や教師の注意を引き、結果的に、生きるのに役立たない道で、自分の欲求に従うことになります。彼らは、後年、自分の傾向（性向）を使って、まわりの人たちの注意を引き、そうすることで、自分が上位に立とうとするでしょう。そういう子どもたちは、「性的欲求」と「支配したい、自分が上位に立ちたいという欲求」を混同して成長します。

ときには、人生の問題や人生の可能性を排除するうちに、異性を排除して同性愛の感情を強化することがあります。性的倒錯を抱えた人たちは、自分の性的傾向を強調することが多いのですが、そのことには意味があります。実際には、彼らは、避けたいと思っている「正常な性生活」に直面するのを予防する手段として、自分の性的倒錯の傾向を強調しているのです。

こうしたことは、性的倒錯を抱えた人たちの「ライフスタイル」がわかったときに、初めてわかります。彼らは、自分に多大な注意を払ってほしいと思いながらも、自分には、十分に異性の興味を引く能力はないと思い込んでいる人たちなのです。彼らは、異性に関しては「劣等コンプレックス」がありますが、そのコンプレックスは子ども時代に端を発すると考えていいでしょう。

たとえば、もし子ども時代の彼らが、自分の姉や妹、母親などの振る舞いが、自分の振る舞いよりも魅力的なことに気づいたら、自分に女性の興味を引く力が備わることはないという気持ちになるでしょう。異性がとてもすばらしく思えて、姉や妹、母親のまねを始めることもあります。その結果として、わたしたちは女性のように見える男性や、男性のように見える女性を目にすることになるのです。

## 「性的傾向」はどう作られるのか

では、「性的傾向」がどのように形成されるかがよくわかる例として、サディズムと小児への性犯罪で告訴された男性のケースを紹介しましょう。

男性の子ども時代について調べたところ、彼には支配的で威圧的な母親がいて、その母親がいつも彼を批判していたことがわかりました。そんな状況だったのに、彼は学校では成績優秀なよい生徒でした。しかし母親は、彼の学校での成功に満足することはありませんでした。そんなわけで、彼は、自分の家族愛の対象から、母親を排除したいと思うようになりました。母親には関心がなかったので、彼の関心はもっぱら父親に向けられ、父親にはとてもなついていました。そういう子どもが、「女性というものは手厳しくて、批判ばかりする」とか、「女性と接触しても楽しいはずはないから、接触するのはどうしても必要なときだけにしよう」などと思うようになったのも、無理はありません。こうして彼は、異性を排除するようになりました。

また彼は、不安にかられると決まって性欲が高まるという、よくいるタイプでもありました。このタイプの人は、不安にさいなまれ、性欲が高まると、不安のない状況を探します。

彼は後年、自分を懲らしめたい、自分を痛めつけたい、あるいは、子どもが痛めつけられるのを見たいと思うようになり、さらには、自分かパートナーが痛めつけられるのを好んで空想するようになりました。そして彼は、今お伝えしたようなタイプなので、現実、あるいは空想の「痛めつけ」の最中に、性欲の高まりと性的満足感を覚えることになったのです。

この男性のケースは、間違った「強化（訓練）」が行われたらどんな結果になるかを示しています。彼は、自分の悪い習慣がどんな結果につながるかがわかっていませんでした。あるいは、わかっていたとしても、わかったころにはすでに手遅れだったのでしょう。言うまでもなく、25歳とか30歳になった人に、あらためて性教育を開始するのはとてもむずかしいことです。性教育を始めるのに適切な時期は、幼少期なのです。

ただし、子ども時代は、親との関係が子どもの心理に影響を与えるので、性教育もそれほど簡単ではありません。では、へたな性教育が、子どもと親の心理的な対立につながったと思われる、興味深い例をお伝えしておきましょう。

攻撃的な子どもは、とくに青春期（思春期から成人期までの過渡期）には、親を困らせるために、「性的関心（性的欲望）」を悪用することがあります。少年少女たちは、親とけんかをした直後に、性的関係を持つことが知られています。とくに、親が子どもの性行動に神経質になっていることに子どもが気づいている場合は、子どもはそうした形で親にリベンジします。攻撃的な子どもは、ほぼ間違いなく、この手を使って親を攻撃します。

この手が使われるのを防ぐには、子どもに自分の行動に責任を持たせ、その手を使ったら、ダメージを受けるのは親だけではなく、自分のためにもならないことをわかってもらうしかないでしょう。

人の「性的関心（性的欲望）」には、子ども時代の環境が影響しますが、そのほか、国の政治や経済の情勢も影響を及ぼします。政治や経済の情勢によっては、新しい生活スタイルが生まれることがあり、そうしたスタイルは、あっという間に人から人へと広がるものです。ロシアでは、日露戦争（1904〜05年）に敗戦し、ロシア第一革命（1905〜07年）が失敗に終わって、人々が希望と自信を失っていたころ、「サーニズム」と呼ばれる大規模な性の解放運動が起こりました。この運動は、当時の大人にも青少年にも広く受け入れられました。同じような「性」の広がりは、革命の最中にも見られますし、戦争中は、人生に価値がないように感じて、性的官能に人生の意味を見出すようになることも、悪い意味でよく知られています。

興味深いことに、精神的に解放されるために性的関係が利用されることは、警察も気づいています。少なくともヨーロッパでは、犯罪が発生したら、警官たちはよく、売春宿をのぞきます。そこで、彼らが捜している殺人などの犯人が見つかることが多いからです。犯人が売春宿にいるのは、犯罪を実行したあとは神経が張りつめているので、「息抜き（気晴らし）」を求めているからです。犯人の男は、自分の強さを確認し、自分がまだパワフルな存在で、魂をなくした抜けがらではないことを証明したいのです。

あるフランス人がこんなことを言っています。「人間は、腹が減っていないときに食べ、のどが渇いていないときに飲み、いつでも性的関係を持つ唯一の動物だ」。実際、性欲のおもむくままに行動するのは、食欲などのほかの「欲求」のおもむくままに行動するのと同じようなものです。どれか一つの「欲求」を過度に満たしたり、何か一つのことへの「関心」が過度に高まったら、人生の調和が妨げられることになります。

心理学の論文集には、何らかの「関心」や「欲求」が高じて、その関心や欲求への強迫観念を抱くまでになった人たちの事例があふれています。「お金が大切であること」を過度に強調するケチな人の例なら、心理学者じゃない方々もよくご存じでしょう。ですが、「きれいに（清潔に）しておくこと」が何より大切だと考える人たちもいるのです。そういう人たちは、どんな活動よりも先に、洗いものをします。ときには、朝から夜中まで洗っていることもあります。また、「食べること」が何より大事だと言い張る人たちもいます。そういう人たちは、一日じゅう食べています。そして食べものにしか関心がなく、食べることしか話題にしません。

「性的欲求」を過度に満たすことも、同じようなものです。そうすることで、活動の全体的な調和が失われることになります。そして必ず、ライフスタイル全体を、生きるのに役立たない道に引きずり込むことになるのです。

性的欲求をコントロールするには、性的エネルギーを、何か有意義な目標、わたしたちの活動をすべて注ぎ込めるような目標を達成することに使う必要があります。目標をうまく選ぶことができたら、性的欲求であれ、別の生命力の発現（本能的欲求）であれ、何か一つを過度に強調することにはならないでしょう。

「欲求」や「関心」は、コントロールし、全体の調和を図る必要がありますが、その一方で、「欲求」や「関心」を完全に抑えつけてしまうのは危険です。たとえば、「食欲」を抑えつけ、極端なダイエット（食事制限）を行ったら、精神的にも肉体的にも調子が悪くなります。「性欲」の場合も同じで、完全な禁欲は好ましくありません。

つまり、通常の「ライフスタイル」の持ち主は、性欲を適切に発散できるので、完全に禁欲する必要がないということです。だからといって、性欲を自由に発散するだけで、神経症――「ライフスタイル」のバランスが悪いというサイン――を克服できるわけではありません。今では、「リビドー（性欲）が抑圧されていることが、神経症の原因である」〔フロイトの説〕という「思い込み」が世のなかに広まっていますが、それは間違っています。むしろその逆で、神経症になると、性欲を適切に発散することができなくなるのです。

わたしは、こんなことを言う人に何度か出会っています。「性欲をもっと自由に発散させたほうがいいとアドバイスされたので、アドバイス通りにしてみましたが、調子がさらに悪くなっただけでした」。そういう結果になったのは、彼らが、社会（まわりの人々）に役立つ目標に、自分の性生活を活かすことができなかったからです。そういう目標を目指すだけで、彼らの神経症の症状が改善する可能性があります。

性欲を発散すること自体は、神経症の治療にはなりません。神経症の原因は、言ってみれば「ライフスタイル」にあるからです。神経症を治療するには、「ライフスタイル」を改善するしかないのです。

わたしは個人心理学の提唱者として、この章でお伝えしたようなことはすべてよくわかっているので、「性」の問題に対する唯一の満足できる解決策は、「幸せな結婚生活」を送ることだと、ためらうことなく申し上げます。神経症の人は、この解決策に賛同しないでしょう。神経症の人は臆病で、「人づき合い」への準備が十分にできていないからです。

同様に、性欲を過度に重視し、一夫多妻制とか、友愛結婚や試験結婚を提案する人たちも、「性」の問題を「人づき合い」の面から解決することから逃げようとしています〔「友愛結婚」は、男女が正式に結婚する前にテスト的に同棲する結婚形式。１９２０年代のアメリカのやや解放的な風潮のなかでベン・リンゼイ判事が提唱したもの〕。彼らは、「社会（まわりの人々）に適応できない」という問題を、夫婦がお互いに関心を持つ（気づかう）という方法で解決するほど辛抱強くはないので、もっと楽な新しい方法を見つけたいのでしょう。ですが、一番大変な道が、一番の近道になることもあるのです。

# 第13章　終わりに

そろそろこれまでの話を締めくくることにしましょう。個人心理学の手法は、「人より劣っている」という問題から始まり、その問題で終わる――こう申し上げることに、わたしは何のためらいもございません。

お伝えした通り、人間は「人より劣っている」からこそ、努力し、成功を収めます。その一方で、人間は「人より劣っている」という意識（劣等感）が原因で、さまざまな心理的不適応の問題を抱えます。そして「人より優れる」ための適切で具体的な「目標」が見つからない場合は、「劣等コンプレックス」に陥ります。「劣等コンプレックス」に陥ったら、そこから「抜け出したい」と望むようになり、その「抜け出したい」という願望は、何らかの「優越コンプレックス」の形で表れます。

「優越コンプレックス」は、生きるのに役立たない、無益な道での「目標」でしかなく、それを達成して得られるのは「偽《にせ》の成功」による満足感でしかありません。

これが、人間心理の一連のメカニズムです。実際には、心理の間違った働きが、特定の時期には、それ以外の時期よりも大きな害をもたらします。「ライフスタイル」は子ども時代に形成される「傾向（性向）」——つまり、4、5歳のころに作られる「原型」——が具体化したものです。ですから、個人心理学では、子どもたちに適切な教育を行うことに、心理教育の主眼を置いています。

子ども時代の教育については、適切な「共同体感覚（まわりの人たちへの関心）」を養うことを第一の目的とすべきです。子どもは、適切な「共同体感覚（まわりの人たちへの関心）」を備えることで、有意義で健全な「目標」を持つことができるからです。子どもたちがまわりの人たちにうまく溶け込めるようにすることで、初めて、だれもが抱えている「劣等感」が適切な形で活かされ、「劣等コンプレックス」や「優越コンプレックス」に陥るのを防ぐことができるのです。

「人より劣っている」という問題は、社会（まわりの人々）に適応することで補うことができます。人間が社会のなかで暮らしているのは、個々の人間は、弱く、人より劣っているからです。そんなわけで、「まわりの人たちへの関心（共同体感覚）」と「まわりの人たちとの協力」が、個々の人間を救うことになるのです。

# 本書に寄せて――フィリップ・メレ

〔1886～1975年。イギリスのデザイナー、作家、ジャーナリスト。英語で文章を書くことが、話すことほど得意ではなかったアドラーのために、英語の『Problems of Neurosis』を編集したほか、アドラーの心理学についての著書もある。〕

## アドラーの心理学の研究とは

アルフレッド・アドラー博士〔1870～1937年。オーストリア出身の精神科医、心理学者、社会理論家。個人心理学（アドラー心理学）の創始者〕が行った心理学の研究は、手法は科学的で一般的でしたが、基本的には個々の人間のパーソナリティーを詳しく調べることでした。そのため、彼の心理学の研究は「個人心理学」と呼ばれています。

この心理学が対象としているのは、世界に二人といない、実在する人間たちです。ですから、わたしたちは、自分が実際に出会う男性や女性、子どもたちを観察することで、初めてこの心理学をほんとうに学べるのではないでしょうか。

「個人心理学」は現代心理学に大きく貢献しました。それは、「個人心理学」が、人の内面がその人のどんな言動に表れるか、人のさまざまな能力や欲求がどのように一つの目標に結びついているかを明らかにしたからです。そのおかげで、わたしたちは、自分の仲間たちが、どんなことを理想（目標）にし、どんな問題を抱え、どんな努力をし、何に失望しているかを推察することができ、一人一人の全体像を一つのパーソナリティーとして理解することができます。

本書にまとめられている「個人心理学」の考え方は、最終的な結論のようなものに到達していますが、わたしたちは、「個人心理学」の土台作りが最終段階に達したと考えるべきでしょう。個々の人間の精神という、存在するあらゆるもののなかで最も不安定で、変わりやすく、とらえどころのないものの動きを観察するのに、「個人心理学」の手法ほど厳密かつ適切な手法は、これまでありませんでした。

## アドラーと「精神分析学」

アドラーは、科学的知識はもちろん、知力さえも人類の共同作業による成果だと考えています。そんな彼ですから、きっと、自分が心理学に貢献できたのも、過去から現在までの自分の共同作業者（研究者）たちが、自分の研究を厳しくチェックしたことで、自分が普通以上に鍛えられたおかげだと考えているのではないでしょうか。

そんなわけで、アドラーと、「精神分析学」と呼ばれている学問との関係についてお伝えしておいたほうがいいでしょう。ですがその前に、まずは精神分析学が盛んになった思想的な背景を簡単に振り返っておきましょう〔アドラーは１９０２年に、精神分析学の創始者ジークムント・フロイトに誘われてフロイトの研究グループに参加した。そのときから、フロイトの共同研究者として精神分析とかかわることになったが、フロイトとの意見の相違から袂を分かち、１９１１年に自由精神分析協会（のちの個人心理学会）を設立した〕。

現代心理学の世界では、一般的に「無意識」は、生命維持に必要な記憶――生物学的記憶――と考えられています。ですが、フロイト〔ジークムント・フロイト、１８５６〜１９３９年。オーストリアの精神科医〕――もともとはヒステリーの専門医――は、そうした無意識の「記憶」

のなかで、「性的体験の成功や失敗の記憶」が、最も重要――かつ唯一の重要な記憶と言ってもいい――と考えました。

ユング（カール・グスタフ・ユング、1875〜1961年。スイスの精神科医、心理学者。分析心理学〔ユング心理学〕の創始者）――天才的な精神科医――は、そうした、どうしようもないほど狭い見方を広げるために、「個人を超越した記憶」、あるいは「民族共通の記憶」の存在を明らかにしようとしています。ユングは、そうした記憶には、性的行為や、生きるのに役立つもっと高度な活動と同じくらい、大きな力があると考えています（ユングも1907年からフロイトの研究グループに参加。しかし、意見の相違から、彼もフロイトと袂を分かつことになった）。

## アドラーが初めて明かしたこと

アルフレッド・アドラー――幅広く、総合的な経験を積んだ医師――には、「無意識」についての考え方と、生物学的な現実とをもっとしっかり結びつける仕事が残されました。

精神分析学の独自の学派を築いていたアドラーは、記憶に残っている感情や、記憶の鮮明さ、記憶の客観性を分析する手法を使って、すでに多くの実績を残していました。

しかし彼が明らかにしたのは、記憶の枠組みが、人によって異なることでした。人は無意識の記憶を、だれもが同じ要因、たとえば性的関心といった要因にもとづいて形成するわけではないということです。人は一人一人が、経験のあらゆる可能性のなかから自分の経験を選択する、独自のやり方を持っています。ではそうした選択は、どんな「原則」にもとづいて行われているのでしょうか？

その問いにアドラーが出した答えは、基本的には、そうした選択は、身体の何らかの機能が「人より劣っている」という意識や、その劣っている部分を補わなければならないという意識にもとづいて行われている、というものです。まるで、人は自分の身体の現実に気づいていて、不眠不休で、身体の欠陥を補うことに専念しているかのようだと言うのです。

つまり、たとえば小柄な男性については、その男性の人生全体が、何とかして早く大きくなろうとするための闘いになる、と考えていいということです。あるいは、耳が不自由な人の場合は、その人の人生は、聞こえないことを補う（埋め合わせる）ための闘いになるということです。

もちろん、実際のところはそれほど単純ではありません。補う必要のある身体機能の欠陥がいくつもある場合もありますし、「人より劣っている」と思い込んでいるにすぎない場合もあるでしょう。ただし、いずれの場合も、原則は同じです。「性」に関するすべての活動をコントロールすることはできませんが、「性的能力」についてもこの原則が当てはまり、「闘い」はより重要なものになるでしょう。というのも、性的欲望は、感情のなかでは突出したものであり、その人の過去の経験によって形作られるからです。その意味では、フロイトの説が、性的欲求が特定の人の人生の行方に影響を及ぼしている理由の説明になるでしょう。ですが、彼の説が当てはまるのは、その場合に限られます。

## 心理学と生物学を結びつける

アドラーの研究によって、心理学が初めて、生物学に根差したものになりました。精神の傾向や知能の発達が、「身体機能の欠陥」や「人より劣っている部分」を補おう（埋め合わせよう）と努力することの影響を受けることがわかったのです。生き物の並外れた能力や個性はすべて、そうした努力の結果と考えていいでしょう。

そしてアドラーが示した「原則」は、人間や動物だけにとどまらず、たぶん植物にも当てはまります。生物の一部の種《しゅ》〔生物分類の基本単位〕に特殊な資質が備わっているのは、その種が、活動や成長、構造を通じて、欠陥や劣っている部分をうまく補い、環境に適応した結果と考えていいでしょう。

「補償（補う）」という考え方は、生物学の原則としては目新しいものではありません。傷ついた（欠損した）部位を補うために、別の部位が過度に発達することは、昔から知られていました。

たとえば、一対の腎臓のうちの一つが機能しなくなったら、もう一つが異常なほど発達し、二つ分の働きをするようになります。また、心臓の弁膜に「漏れ」が生じるようになったら、心臓全体が大きくなって、心臓の損失を効果的に補おうとします。神経組織が壊れたら、その周囲にある別種の組織が、代わりに神経機能を担おうとします。

特定の仕事や運動に必要な動きができるように、部位全体が補償的な成長を遂げる例は、いくらでもありますし、よく知られているので、ここで例を挙げるまでもないでしょう。こうした身体に関する原則を、初めて心理学の基本的な原則に変え、「身体」の原則が「精神」や「知能」にも当てはまることを実証したのが、アドラーだったのです。

## 心理学が世界を変える

アドラーは「個人心理学」を学ぶことを医師たちだけではなく、門外漢の人々、とくに教師たちに勧めています。確かに、心理学の知識は一般の人々にも必要になってきたと思います。ですから彼には、「現代心理学を学ぶには、病気や不幸なできごとの事例に、不健全なほど集中する必要がある」という、よくある反論をものともせず、断固として、心理学の知識を備えることを推奨していただきたいものです。

確かに精神分析学は、現代社会に最もよく見られる「悪」を明らかにしていますが、わたしたちは、心理学が自分たちの間違い（悪）に目を向けていることを問題視するのではなく、間違いから学ぶべきです。わたしたちはこれまで、「人間の精神なんて現実感がない」とか、「精神の真実なんか知らなくたって、文化的生活は送れる」などと思いながら過ごしてきたのではないでしょうか。

アドラーが提案しているのは、精神病理学をみんなが学ぶことではなく、彼が築き上げた「ポジティブで科学的な心理学」にもとづいて、社会や文化を実際に改革することです。ですが、わたしたちが「真実」を恐れすぎていたら、そうした改革は不可能です。わたしたちは、人生の適切な「目標」をもっとはっきり意識する必要がありますが、そのためには、自分がかかわっている「間違い」についても、もっと深く理解する必要があるのです。

わたしたちは醜い事実など知りたくないと思うこともあります。ですが、物に光が集中するほど、影がはっきりするのと同じように、人生というものを正確に知れば知るほど、人生の妨げになっているほんとうの「間違い」にはっきりと気づくものです。

## 心理学は生きるのに役立つ

アドラーの「ポジティブな心理学」は、生きるのに役立ちます。この心理学は、精神の現象の研究だけから生まれたものではないですし、ましてや、病気の症状の研究だけから生まれたものでもありません。

ポジティブな心理学には、中心となる概念が必要でしたが、アドラーはひるみませんでした。それは、彼が、世のなかの「共同生活」のロジックに気づき、それに絶対的な正当性があるのではないかと思っていたからです。

わたしたちがその概念を理解するには、個人の精神状態を、共同生活と関連づけて考える必要があります。

まわりの人々との精神的なかかわり方は、三種類の「姿勢（考え方）」に分けられます。それは、アドラーが「人生の三つの課題」と呼んでいる「交友（人づき合い）」と「仕事」「愛（恋愛や結婚）」の三つに対する「姿勢」です。

男性であれ女性であれ、自分のまわりの人――一人の相手や、まわりの人全員――に対する自分の「感情（気持ち）」を通じて、自分がどのくらい「交友（人づき合い）」に対する勇気があるか、気づくことになるでしょう。

「自分のほうが劣っている」という感情（劣等感）は、必ず、人前での「恐怖」や「不安」という形で表れ、そうした恐怖や不安は、外面的には、「臆病」「反抗的な態度」「控えめな態度」「過度の心配」といった形で表れます。「疑念」や「敵意」「漠然とした警戒感」「内面を見せたくない」といった感情が、人づき合い全般に悪影響を及ぼしている場合は、そうした感情はどれも、「現実から目をそむけたい」という一つの傾向（性向）の表れと考えていいでしょう。そうした傾向は、「自己肯定感」を得る妨げになります。「交友（人づき合い）」に対する姿勢として理想的、あるいは正常な姿勢は、「たとえ立場が同等ではなくても（優劣があっても）、人がみな同等（平等）であることにまったく変わりはない」とおおらかに考えることです。「交友（人づき合い）」に対して勇気が持てるかどうかは、「みんな同じ人間ではないか」という気持ちを持てるかどうかで決まります。そして「みんな同じ人間ではないか」という気持ちになるには、協調的な人生を送る必要があります。人は、自分の隣人（まわりの人）たちや、自分の住む町や国、他国に対してどんな感情を抱いているか、新聞でそうした人々や地域についての記事を読んだときにどう思うか、といったことで、自分の精神がどのくらいしっかり地についているかを判断できると考えていいでしょう。

「仕事」に対する姿勢は、そうした「人づき合い」の際の「安心感」とおおいに関係があります。仕事をすることで、財やサービス、社会的特権を得ている人は、当然ながら、職場でのニーズに応える必要があります。ですが、職場で、「自分は弱い」という思いや「疎外感」を強く抱いている人は、「いつかは自分の価値（真価）を認めてもらえる」と考えることができなくなり、認めてもらうために働くのをやめてしまいます。そして安全策をとり、お金や利益だけのために働き、職場で発揮できるほんとうの能力を出し切ることはなくなるでしょう。そういう人はつねに「ベストを尽くすこと」に二の足を踏み、それを求められることを恐れるでしょう。そんなことをしても報われることはないと思っているからです。

あるいは、今の仕事をやめて、自分の好きなことをやれる静かな暮らし、有効性とか利益を考えなくて済むような暮らしをいつも求めているかもしれません。いずれにしても、職場で「ベストの働き」をしなかったら、職場のまわりの人たちが迷惑をこうむりますし、本人も、まわりの人たちから重視してもらえず、大きな不満を抱えることになるでしょう。

今の世のなかには、金銭的に成功している人のなかにも、成功していない人のなかにも、自分の仕事に不満を抱えている人はたくさんいます。彼らは、自分の仕事の価値を信じていません。そして社会的、経済的に不公平であることを、社会状況や経済状況のせいにします。ですが、彼らの多くが、自分の仕事で最高の評価を得るために闘う勇気が足りなすぎるのも事実です。

彼らは、心から正しいと思えることを行う権利があると主張するのを恐れています。あるいは、まわりの人たちが彼らにほんとうに求めている働きを軽視しています。その結果、彼らは個人主義あるいは秘密主義の精神で、自分の利益を追求するようになっています。

もちろん組織の側にも大きな問題があって、組織が判断を誤ることもあるでしょうし、組織のなかでは、本気でまわりの人たちの役に立とうとしている人が大きな抵抗にあうこともよくあります。ですが、わたしたちがベストを尽くす努力をすることで、まわりの人たちが恩恵を受けることになりますし、それと同じくらい、わたしたち自身のためにもなるのです。

わたしたちは、問題を乗り越える経験を提供せず、問題に妥協する経験しか提供しない仕事は、好きにはなれないものです。

人生に対する三つ目の姿勢――「愛（恋愛や結婚）」に対する姿勢――は、性生活の行方を決定づけることになるでしょう。前の二つの姿勢――「人づき合い」と「仕事」に対する姿勢――が適切なものであれば、この三つ目の姿勢もおのずと適切なものになります。わたしたちは、「人とのつき合い方」や「仕事」を改善するにはどうしたらいいかということなら考えることができますが、「性」の問題のことばかり考えていたら、ほぼ間違いなく、事態が悪化するでしょう。なぜなら、「性」の問題は、ほとんどが原因よりも結果の問題だからです。

通常の「人づき合い」がうまくできない人や、「仕事」で行き詰まっている人は、性生活では、「人づき合い」や「仕事」で本領を発揮できないことに対する補償（埋め合わせ）を得ようとしているかのように振る舞います。実際、そうとらえることが、同性愛や、セックスのパートナーを貶める行為、さまざまな性的倒錯といった、性的異常を理解する最善の方法でしょう。性生活には「友情」も不可欠です。それは、初期の精神分析学者たちが想像したような「友情は性的魅力を理想化したもの」という理由からではなく、その逆だからです。理性で抑えられないような強い性的衝動を抱くのは、有意義な友人関係として親密さを築けないことの異常な代用行為であり、同性愛はつねに、恋愛ができない（男女関係を築けない）ことの結果なのです。

わたしたちが「（感覚器官から得る）感覚」に与える意味や価値も、性生活に密接に結びついています。それについては、多くの優れた詩人たちが証明しています。わたしたちの自然に対する気持ちや、海や陸地の美しさへの反応、形や音や色をどのくらい大事にするか、嵐や憂うつに見舞われたときにどの程度、自分を信用できるかといったことは、わたしたちの「愛する者」としての誠実さと関係があります。人生の美的な側面は、芸術や文化にとって大事なものではありますが、結局のところは、わたしたち一人一人の「人づき合い」に対する勇気と、知的な有用性から生まれるものなのです。

わたしたちは「共同体感覚（communal feeling）」を、生み出すのが大変なものとみなすべきではありません。「共同体感覚」は、「利己主義」と同じくらい、人間が生まれながらに持つ資質であり、実際、人生を送るための原則として、優先権を持っています。ですから、わたしたちは「共同体感覚」を生み出す必要はなく、それが抑え込まれている場合は、それを解放すればいいだけです。

わたしたちが「共同体感覚」を抱くことができたら、それが、わたしたちを「救済する原則」になります。もし、「バスの運転手や鉄道員、牛乳配達人たちは、生まれながらの共同体感覚をたいして発揮せずに仕事をしているし、そうした仕事に共同体感覚はたいして必要ない」と考えている人がいるなら、その人は、きわめて神経症的な考え方の持ち主であることが疑われます。はっきり言えば、「共同体感覚」を抑え込んでいるのは、人の心に潜む大きな「虚栄心（うぬぼれ）」なのです。

そうした「虚栄心」はとてもわかりにくいものなので、アドラー以前の心理学者は、だれ一人、その存在を証明できませんでした。アーティストたちのなかに、それがどこにでもあることを直感的に察していた人が少しいた程度です。世の人々は、偉人たちはもちろん、二流のジャーナリストや店員たちでも、「野心」さえあれば、大天使を倒すことができると思い込んでいます。ですから、人生と向き合うことがつらくなるほどの「劣等感」を抱えると、自分が神のような力を持つ偉大な存在になることを想像することがあります。そしてたいていの場合、そうした想像をどんどん膨らませ、しまいには、「劣等感」を和らげるために、現実の世界でまわりの人々を支配し、さらに、空想の世界を作り上げて、自分がその世界の神（支配者）になります。

こうした深層心理は、「受動的抵抗」や、「先延ばし」「仮病を使って休む」といった事例の研究で明らかになりましたが、そうした研究ほど目立ってはいませんが、「野心」の事例――ナポレオンが抱いたような大きな野心も含めて――の研究でも明らかになっています。自分が現実の世界を支配できないことを嫌というほどわかっている人は、たとえ自分に不利になったとしても、現実の世界と協調することを拒みます。そのことを最も明確に示しているのが、そうした事例なのです。

協調するのを拒むのは、もっと狭い世界に君臨するためであったり、「現実の世界は、わたしの手助けがなければ、いずれは崩壊し、取るに足らないものになる」という、わけのわからない考えを抱いているためであったりします。

では、人間に、こうした大それた「虚栄心」を抱く傾向があることを知った以上、わたしたちはどう振る舞えばいいのでしょう。わたしの言うことが大げさだとお考えの方もおられるでしょう。ですが、ごく偏ったタイプのカルト集団のことを思い出してみませんか。そうした集団は、宗教的なものであれ、非宗教的なものであれ、ほとんどのところが「世界の終末が訪れる」と思い込んでいます。彼らは、自分たちが離脱した世界、改革するのをあきらめた世界は、いずれ破壊されて、少数の者だけが生き残ることになり、その少数の者は自分たちの集団になると思い込んでいるのです。

わたしたちは、自分だけは奇跡的な例外だと考えて、そうした「虚栄心」をただ助長させるだけでいいのでしょうか？　わたしたちはどう振る舞えばいいのかという問いに対して、アドラーは、わたしたちは自分のすべての経験に対して、「半分肯定する」という姿勢を保つべきだと答えました。彼はその姿勢を「半々の（ハーフ・アンド・ハーフの）姿勢」と呼んでいます。

わたしたちは、自分と対立している人や集団、世界を、自分と同じように正しいと認めるべきでしょう。わたしたちは、「自分」か「相手」のどちらかを低く見るのではなく、それぞれが半分ずつ正しいと考えて、「自分」と「相手」の現実を平等に肯定すべきでしょう。こうした「半々の姿勢」は、人間を相手にする場合に限らず、「雨天」とか「休暇」、買う余裕がない「快適なもの」に対する心理、さらには、乗合バスに乗り損ねてしまった場合などにも当てはまります。

わたしたちがこうした「半々の姿勢」を正しく理解したら、それが、達成困難な「理想」でもなければ、わたしたちを嫌な気分にする「卑下」でもないことがわかるでしょう。「半々の姿勢」というのは、実際には、価値があると強く思い込むこと、自分には、自分以外のすべての人とまったく同等の「現実」があり、まったく同等の「無限の力」があると主張することです。それ以下のことを主張するなら、それはニセの「卑下」です。実際には、どんな出会いの結果も、半分は、出会い方で決まってしまうものです。人は、自分に起こるすべてのできごとにおいて、自分が演じた役割を半分だけ肯定すべきです。

ただしこのアドバイスは、仕事の場では、守るのがかなりむずかしいでしょう。仕事の場では、社交の場でいつも目にする現実よりも、あからさまな現実に直面するものです。そんなときには、自分の目標と、職場での無秩序な状況に、同等の正当性があるとみなすのはほとんど不可能です。無秩序な状況をありのままに受け入れるのは、とてもむずかしいことですが、実際には、それが正しい振る舞い方です。

労働の役割分担（分業）は、ほんとうは理にかなった、役立つしくみなのですが、そのせいで、「不平等だ、差別されている、不公平だ」といった、勘違いによる誇大妄想が生まれています。その結果、わたしたちは、団結するのが困難な、混乱した状況のなかで過ごしています。そうしたクレイジーな状況では、どんなに立派な人たちでも辛抱強く現状を受け入れながら、現状の改革に取り組むことはむずかしいものです。ですから、自分を欺いて無秩序を受け入れようという気になったり、ほんとうの問題から逃げるだけの表面的な解決策に専念したりするようになります。

ときには、自分の仕事人生を、汚いものによる汚染が避けられないものとみなすこともあります。ですが、そうした姿勢が、自分を慢心させ、高慢にし、心の奥底で良心を失わせることに気づいていません。

正しい方法は、自分と同じような困難に見舞われている人たちや、同じ仕事をしている人たちと同盟を結んで（提携して）、自分たちの仕事を、社会に役立つ大事な仕事だと主張し、労働環境を改善することでしょうが、そういうことをする人はほとんどいません。ですが、それが、人が自分の経済的な役割と折り合いをつける唯一の方法なのです。

自分の労働環境について最も文句を言っている人たちの多くは、自分の仕事を人間の生活のなかの一つの役割として認めるようなことはしていませんし、無秩序な個人主義がいけないなどとは考えもしません。ですが、わたしたちは、心理学の学派の一つ「個人心理学」を通じて、人は、一人一人が自分の仕事を通じて仲間を作り、友情を築き、協調の精神を持ってまわりの人たちとのつながりを築く必要があり、もしそういうことをやりたくないとしたら、その人は危険な精神状態になるのだと気づくことができます。確かに、今は多くの職業において、それを実行するのがきわめてむずかしくなっています。だからこそ、みんなの力を合わせる努力が必要なのです。

人は、仕事を通じて自分を表現しようと努力しない限り、仕事を通じて精神のエネルギーを解放（発散）することはできませんし、自分の仕事に対する考え方次第で、自主的に行動できるかどうか、さらには、自分が影響力を持てる分野で力を発揮できるかどうかが決まります。仕事の場では、「半々の姿勢」をとることで、現実を受け入れながら現実と闘うことになります。そうすることが、唯一の現実的な方法であり、まわりの人たちの協力を得られる方法ではないでしょうか。

「個人心理学」の教育的な原則は、絶対的な信頼を置けるものですが、そうした「人間関係を築く」という実践的な作業を実行しない限り、意味がありません。わたしがこれまでお伝えしてきた「仕事の場でやるべきこと」は、大局的に見れば、社会的な役割にも当てはまります。

人の役割には、「家族」の一員としての役割はもちろん、「国家」や「人類」の一員としての役割も含まれます。この世界には、休むことなく開かれている議会があります。その議会の決定には、選ばれた議員全員が、最終的には従わなければなりません。その議会は、学校で開かれ、市場で開かれ、海や陸のあらゆるところで開かれます。なぜなら、それは「人間の議会」だからです。その議会のなかでは、交わされる言葉、交わされる視線の一つ一つが、それが礼儀正しいものであれ、敵対的なものであれ、賢いものであれ、愚かなものであれ、人類の関心事の重要度を測る尺度になります。

この幅広い集まり（議会）を一つにまとめ、話し合いを理解しやすいものにしているのは、「すべての人の利益」です。なぜなら、わたしたちが、ほんとうに人間らしく生きるには、「すべての人の利益」を考えるしかないからです。議会の会議が友好的に行われているときは、わたしたちの生活水準が高まって、健康で裕福になり、芸術や教育活動も盛んになります。反対に、議会での会話が、よそよそしく、疑念に満ち、うまくいっていないときは、人々は飢えに苦しみ、子どもたちは衰弱するでしょう。また、議会での意見の衝突が激しさを増しているときには、わたしたちは百万人単位で死に絶えるでしょう。わたしたちが生きるか死ぬか、成長するか衰退するかを決めるのは、わたしたち一人一人の、つき合いのあるすべての男性や女性、子どもたちに対する「姿勢」なのです。

## 神経症の人とはどう向き合えばいいのか

わたしたちが、つき合いのあるすべての人との関係とか、相互の責任といったものと客観的に向き合うとき、神経症の人たちの「精神的な混乱」については、どう考えたらいいでしょう？　それは、たんに関心の範囲が狭くなっていて、何らかの個人的な利益、あるいは主観的な利益に意識が集中しすぎている状態と考えていいのではないでしょうか？　神経症になるのは、自分以外の人たちの人生や目標は、自分の人生や目標ほど重要ではないという考えで自分以外の人たちを扱っていることの結果です。ですが、逆説的ではありますが、神経症の人が自分や他人を救うためのとても大きな構想を抱いていることがよくあります。

そういう人は、空想の世界で、有益な活動を行い、自分の重要性を強調することで、現実の世界での孤立感や無力感を埋め合わせるだけの知性を持ち合わせています。そういう人は、教育を改革したいとか、戦争を終わらせたい、普遍的な人類愛や新しい文化を築きたい、あるいは、そうした目標を達成するために人間関係を築きたいとまで思っているかもしれません。しかし、もちろんそうした目標を達成することはできません。その人は、まわりの人たちとも、自分の人生とも、つながりを持っていないからです。その人はまるで、人生全体の外側に立って、説明のできない、何か魔法のようなものを使って人生を動かそうとしているかのようです。

　今では、とくに都市生活では、主知主義（知性重視主義）が幅をきかせているので、神経症の人は、好きなだけ、現実の非社交性を空想のメシアニズム（救世主信仰）〔終末論的な状況のなかに、メシア（救世主）が現れて、新しい世界秩序を築くことを待望する世界観〕で補うことができます。その結果、頭のなかに、口もきかない関係の大勢の救世主たちを抱えることになり、精神が分裂（崩壊）するのです。

　そういう人に必要なのは、まったく別のことなのです。メシアニズムを捨てるべきだということではありません。人類の未来に対する責任は、だれもが担っているからです。必要なのは、自分の「社会（まわりの人々）を救う能力」について合理的な見方をし、自分の目で見て、正しく評価することです。そのためには、「身近な人たち」や自分の「仕事」を、「世界一大事なもの」のようにみなさなければなりません。実際、そうしたものは、人間にとって何よりも大事だからです。「身近な人たち」や「仕事」が混乱状態だったり、間違っていたりする場合は、その原因は、わたしたちが日々の生活のなかで、そうしたものを何より大事なものとして扱っていないからです。ときには、大事なものとして扱うこともあるでしょうが、たいていは、自分にとっては大事だと個人的に思っているだけではないでしょうか。

現代人には、関心の対象を――実際の「行動」についても、「アイデア」についても――狭める傾向（性向）がありますが、この傾向を変えるのはむずかしいでしょう。なぜなら、ごくまれなケースを除いて、自分一人の力で変えることができないからです。ですから、だれかに相談する必要があります。そしてそうした相談は、これまでにない、まったく新しい形のカウンセリングになるでしょう。身近な人たちや自分の日々の活動をあたかも「最高に大事なもの」であるかのように扱おうと思っても、たいていの場合、自分のなかに抵抗感がありますし、そう扱うのを妨げる外的要因もあります。外的要因のなかには、自分ではすぐには気づかず、他人も、同じ経験をしていない限り、正確には判断できないものもあるでしょう。そんなわけで、「個人心理学」のカウンセリングでは、クライエント（相談者）たちは、お互いに調査し合い、一人一人がほかのクライエントたちから、パーソナリティー全体の評価を受けることを承諾するよう求められます。こうしたカウンセリングは、神経症の根幹にある「間違った個人主義」をあぶりだすことになりますから、当然ながら、参加してもらうのは、かなりむずかしいでしょう。ですが、こうしたカウンセリングが成功するかどうかで、将来、「精神分析療法」が、診療所や診察室以外の場所で、生命への一つの影響力として生き残れるかどうかが決まります。

## 勇気づけるということ

オーストリアのウィーン〔アドラーの地元〕では、「個人心理学」のカウンセラーグループが、教育の場で、すでに存在感を示しています。彼らは、教師たちや医師たちと提携することで、いくつかの学校に大きな改善をもたらしています。また、「教師と生徒」や「生徒同士」は同等だという意識を植えつけたことで、犯罪者的な傾向を持つ子どもや、動作ののろい子ども、怠惰な子どもの多くを改善しています。競争を廃止して、「勇気づける〔励ます〕」という意識を植えつけたことが、生徒と教師、両方のエネルギーの解放につながっています。こうした改革は、すでに子どもの家庭生活にも影響を及ぼし、親御さんたちが、子どもの心理状態を気にかけるようになっています。そうしたカウンセラーグループを最も必要としているのはもちろん「教育」の世界ですが、彼らを必要としているのはそこだけではありません。「ビジネス」や「政治」の世界の人たちも、現代生活の行き詰まりを敏感に感じ取っているでしょうから、人間性（人間の本質）――彼らは、これに気づけなくなっています――についての知識が豊富なカウンセラーたちに、元気づけてもらう必要があるでしょう。

アドラーが国際個人心理学会（International Society for Individual Psychology）を設立したのも、そうしたカウンセラーグループのように、人々の日常生活に新しいエネルギーを吹き込む仕事をするためです。彼らがすでに広め始めている「人の行動様式」は、もし、それが科学的手法にもとづいているようには見えず、実際に効果をあげることもなかったなら、ありきたりの道徳規範だと誤解されていたかもしれません。アドラーは、個人が抱える問題は、本質的には「人づき合い」の問題であることを見抜き、「健康」と「協調的な振る舞い」につながりがあることを容赦なく実証しました。そうした点で、彼が最も似ているのは、中国の偉大な思想家たちではないでしょうか。西洋の世界が、手遅れになる前に、彼の研究成果を活用したら、彼は「西洋の孔子」として知られることになるかもしれません。

※本書は、1929年にイギリスで刊行された『The Science of Living』を訳したものです。

※本書には、今日では人権擁護の見地から不適切と思われる表現が含まれています。しかしながら、著者に差別助長の意図がないことに加え、作品の書かれた時代背景や著者が故人であることを考え、原書のまま翻訳いたしました。

アルフレッド・アドラー (Alfred Adler 1870 年 -1937 年)
オーストリア出身の精神科医、心理学者、社会理論家。
フロイトおよびユングとともに現代のパーソナリティ理論や心理療法を確立し、個人心理学を創始した。実践的な心理学は、多くの人々の共感を呼び、アドラーリバイバルともいうべき流行を生んでいる。
代表作に『生きる意味』『なぜ心は病むのか』『人間の本性』『性格の法則』(ともに興陽館、長谷川早苗訳）などがある。

坂東智子 (ばんどう ともこ)
上智大学文学部英文学科卒業。東京都在住。訳書に『なぜ、エグゼクティブはゴルフをするのか？』(ゴマブックス)、『性欲の科学』(CCC メディアハウス)、『脳が冴える最高の習慣術』(大和書房) などがある。

生《い》きる勇気《ゆうき》 なにが人生《じんせい》を決《き》めるのか
2020 年 9 月 15 日 初版第 1 刷発行

著　者　アルフレッド・アドラー
訳　者　坂東智子（ばんどう ともこ）
翻訳協力　株式会社トランネット https://www.trannet.co.jp

発行者　笹田大治
発行所　株式会社興陽館
〒 113-0024　東京都文京区西片 1-17-8 KSビル
TEL 03-5840-7820　FAX 03-5840-7954
URL：https://www.koyokan.co.jp

装　丁　山口昌弘
校　正　新名哲明
編集補助　久木田理奈子＋渡邉かおり
編集人　本田道生

印　刷　恵友印刷株式会社
ＤＴＰ　有限会社天龍社
製　本　ナショナル製本協同組合


ISBN978-4-87723-261-0 C0011

# アドラーの名著を読む。

## なぜ心は病むのか
いつも不安なひとの心理

アルフレッド・アドラー　著
長谷川早苗＝訳

本体 1,600円+税
ISBN978-4-87723-242-9 C0095

「ずっと心に不安を抱えている人は、必ず“あまやかされた”子ども時代を送ってきている」

本書は数少ないアドラー原書の翻訳である。

## 生きる意味
人生にとっていちばん大切なこと

アルフレッド・アドラー　著
長谷川早苗＝訳

本体 1,700円+税
ISBN978-4-87723-232-0 C0095

アドラーの代表作、『Der Sinn des Lebens』の邦訳。生きる意味を知ることがどれだけ重要か。

アドラーは細かく明確な分析を行って、両者の関係に迫る。

## 性格の法則
あのひとの心に隠された秘密

アルフレッド・アドラー　著
長谷川早苗＝訳

本体 1,500円＋税
ISBN978-4-87723-256-6 C0011

心理学の巨匠の性格論。

野心家、嫉妬深い人、不安にかられる人。あのひとはなぜ、そうなったのか？

## 人間の本性
人間とはいったい何か

アルフレッド・アドラー　著
長谷川早苗＝訳

本体 1,500円＋税
ISBN978-4-87723-251-1 C0011

人間の本性を知れば、世界は驚くほどシンプルだ。

アドラーの代表作『Menschenkenntnis』待望の新訳。